上海市交通运输行业协会团体标准

上海市域铁路岩土工程勘察规范(试行)

Code for Geotechnical Investigation of Shanghai Suburban Railway

(Trial Implementation)

T/SHJX 0014—2020

主编单位:上海市政工程设计研究总院(集团)有限公司
批准部门:上海市交通运输行业协会
施行日期:2021 年 4 月 1 日

同济大学出版社

2021 上海

图书在版编目(CIP)数据

上海市域铁路岩土工程勘察规范：试行 / 上海市政工程设计研究总院(集团)有限公司主编. —上海：同济大学出版社，2021.10

ISBN 978 - 7 - 5608 - 9902 - 2

Ⅰ. ①上… Ⅱ. ①上… Ⅲ. ①城市铁路—岩土工程—工程地质勘察—技术规范—上海 Ⅳ. ①U239.5 - 65

中国版本图书馆 CIP 数据核字(2021)第 186224 号

上海市域铁路岩土工程勘察规范(试行)

上海市政工程设计研究总院(集团)有限公司 主编

责任编辑 朱 勇
责任校对 徐春莲
封面设计 陈益平

出版发行 同济大学出版社 www.tongjipress.com.cn
(地址：上海市四平路 1239 号 邮编：200092 电话：021 - 65985622)
经 销 全国各地新华书店
印 刷 江苏凤凰数码印务有限公司
开 本 889mm×1194mm 1/32
印 张 6
字 数 161 000
版 次 2021 年 10 月第 1 版 2021 年 10 月第 1 次印刷
书 号 ISBN 978 - 7 - 5608 - 9902 - 2
定 价 65.00 元

上海市交通运输行业协会

沪交协(2020)第 143 号

上海市交通运输行业协会
关于发布《上海市域铁路岩土工程勘察规范(试行)》等
4 项团体标准的通知

经上海市交通运输行业协会第七届第三十九次秘书长办公会议批准，以下 4 项团体标准予以发布。

一、《上海市域铁路岩土工程勘察规范(试行)》(发布编号：T/SHJX 0014—2020)；

二、《上海市域铁路噪声与振动控制技术标准(试行)》(发布编号：T/SHJX 0015—2020)；

三、《上海市域铁路水文地质勘察规范(试行)》(发布编号：T/SHJX 0016—2020)；

四、《上海市域铁路车辆基地设计标准(试行)》(发布编号：T/SHJX 0017—2020)。

特此予以发布。

上海市交通运输行业协会

2020 年 12 月 25 日

前　言

为满足上海市域铁路建设和发展的需求，指导上海市域铁路岩土工程勘察工作，根据上海市交通运输行业协会市域铁路分会《关于发布〈2019 上海市域铁路建设类技术标准编写计划(一)〉的通知》《沪交协域铁(2019)第 3 号》的要求，借鉴上海和国内各省市城际铁路和城市轨道交通的勘察经验，并参考上海、国家和铁路行业等相关规范，在广泛调查研究和征求意见的基础上，编制了本规范。

本规范主要内容包括：总则；术语和符号；基本规定；岩土分类；可行性研究勘察；初步勘察；详细勘察；施工勘察；场地和地基的地震效应；不良地质；特殊性岩土；地下水；工程地质调绘和周边环境调查；勘探与取样；原位测试；室内试验；岩土工程分析评价和勘察成果报告；现场检验和监测。

本规范由上海市交通运输行业协会负责管理，由上海市政工程设计研究总院(集团)有限公司负责技术内容的解释。各单位及相关人员在本规范执行过程中，如有意见或建议，请反馈至上海市政工程设计研究总院(集团)有限公司(地址：上海市中山北二路 901 号；邮编：200092)，以供今后修订时参考。

授权委托单位：上海市交通运输行业协会市域铁路分会

主　编　单　位：上海市政工程设计研究总院(集团)有限公司

参　编　单　位：上海市交通运输行业协会市域铁路分会

上海申铁投资有限公司

中铁第四勘察设计院集团有限公司

中铁上海设计院集团有限公司

上海市隧道工程轨道交通设计研究院

上海市城市建设设计研究总院(集团)有限公司

主要起草人:胡立明　周黎月(以下按姓氏笔画排列)

丁光文　丁国洪　万　鹏　王月辉　王其合

王钱荣　王德刚　阳吉宝　李鹏程　吴　英

汪继锋　沈日庚　陆　顺　林杰豹　季　军

苑雪冬　周新权　郑晓慧　项培林　祝建农

费　翔　鲁俊平　董教社　程晓青　熊卫兵

主要审查人:陈茂华　顾国荣　蒋建良　方四弟　胡光祥

李　涛　刘　敏　毛群芳　陈元元　张　钊

张建根　高文新　梁志荣　熊灵阳

目　次

1 总 则

1.0.1 为在市域铁路岩土工程勘察中贯彻执行国家和上海有关技术经济政策，达到安全可靠、经济合理、技术先进、确保质量和节能环保的目标，制定本规范。

1.0.2 本规范适用于上海地区市域铁路工程的岩土工程勘察。

1.0.3 市域铁路工程在设计和施工之前，应按基本建设程序进行岩土工程勘察。

1.0.4 市域铁路岩土工程勘察应根据上海的地质特点，综合运用调查、物探、勘探、原位测试、室内试验等方法，查明场地工程地质、水文地质和不良地质，提供资料完整、评价正确、建议合理的勘察成果文件，为设计和施工提供依据。

1.0.5 市域铁路岩土工程勘察除应符合本规范外，尚应符合国家、行业和本市现行有关标准的规定。

2 术语和符号

2.1 术 语

2.1.1 市域铁路 suburban railway

市域铁路是城市中心城区联接周边城镇组团及其城镇组团之间的通勤化、快速度、大运量的轨道交通系统，提供城市公共交通服务，是城市综合交通体系的组成部分。设计速度一般为 100 km/h～160 km/h，平均站间距原则上不小于 3 km。

2.1.2 岩土工程勘察 geotechnical investigation

根据工程建设的要求，查明、分析、评价建设场地的工程地质、水文、环境特征和岩土工程条件，编制勘察文件的活动。

2.1.3 原位测试 in-situ testing

在岩土所处的位置上或基本在原位状态和应力条件下对岩土工程性质进行的测试活动。

2.1.4 工程物探 engineering geophysical exploration

根据地质体内部的各种物性差异，利用物理学的原理、方法，借助专门的仪器对地质体天然或人工物理场的分布与变化情况进行观测，对地质体的地质情况进行推断、解释的勘探方法。

2.1.5 室内试验 laboratory test

对野外所取的岩土样和水样在室内进行物理、力学、化学、有机质、矿物等分析试验，为建(构)筑物的基础设计和施工提供符合实际情况的各类岩土和水的性质指标。

2.1.6 不良地质 unfavorable geological condition

由各种地质作用或人类活动造成的对工程建设不利、可能对工程造成危害的地质现象的统称。主要包括地面沉降、滑坡、崩塌、地震、人为坑洞、岸坡坍塌等。上海地区主要有明浜、暗浜、浅层气、液化土层等。

2.1.7 特殊性岩土 special rock and soil

有特殊矿物成分和结构，具有特殊的物理、力学和化学性质并影响建设工程地质条件的岩土体。上海地区主要有填土、软土、污染土、有机质土等。

2.1.8 热物性试验 thermal physical property test

采用面热源法、热线比较法、热平衡法等方法，测定岩土导热系数、导温系数、比热容等热物理性质的试验。

2.1.9 地基基本承载力 basic bearing capacity

建筑物基础短边宽度不大于 2.0 m、埋置深度不大于 3.0 m 时的地基容许承载力。

2.1.10 车辆基地 base for the vehicle

具有配属车辆，以及除承担车辆的运用管理、整备保养、检查工作外，并承担较高级别的车辆检修任务的基本生产单位。

2.1.11 大型临时工程 large temporary works

泛指用于市域铁路工程建设的制(存)梁场、铺轨基地、轨道板(轨枕)预制场、拌和站、管片预制(存)场及为主体施工修筑的临时便道、便桥、组装厂、拼装场、取弃土场、建筑材料场等非永久性工程。

2.1.12 岩土工程勘察纲要 method statement for geotechnical investigation works

指根据工程特点、场地条件和任务要求编制的技术文件，包括勘察依据、目的、方法、工作量、预期成果、进度安排等内容，简称勘察纲要。

2.1.13 岩土工程勘察报告 geotechnical investigation report

在勘察要求及勘察工作的基础上，通过收集、整理、归纳、统计、分析、评价，提供岩土性质指标和参数，提出结论及建议，形成系统的为工程建设服务的勘察技术文件。

2.2 符 号

2.2.1 土的物理性质指标

w ——含水率；

e ——孔隙比；

w_{L} ——液限；

w_{p} ——塑限；

I_{p} ——塑性指数；

I_{L} ——液性指数；

γ ——重力密度(重度)；

ρ ——质量密度(密度)；

G_{s} ——比重；

S_{r} ——饱和度；

μ ——泊松比；

C_{c} ——曲率系数；

C_{u} ——不均匀系数；

W_{u} ——有机质灼失量；

k ——渗透系数。

2.2.2 土力学性质指标

α_{v} ——压缩系数；

E_{s} ——压缩模量；

c ——黏聚力；

φ ——内摩擦角；

P_{c} ——先期固结压力；

OCR ——超固结比；

C_c ——压缩指数；

C_s ——回弹指数；

C_h ——水平向固结系数；

C_v ——垂直向固结系数；

E_c ——回弹模量；

K_0 ——静止土压力系数；

K_h ——水平向基床系数；

K_v ——垂直向基床系数；

q_u ——无侧限抗压强度；

$q_{u'}$ ——重塑土无侧限抗压强度；

S_t ——土的灵敏度。

2.2.3 土的热物理性质指标

α ——导温系数；

λ ——导热系数；

C ——比热容。

2.2.4 土的原位测试试验指标

N ——标准贯入试验锤击数；

N_{10} ——轻型动力触探锤击数；

$N_{63.5}$ ——重型动力触探锤击数；

P_s ——静力触探比贯入阻力；

q_c ——静力触探锥头阻力；

f_s ——静力触探侧阻力；

R_f ——静力触探摩阻比；

c_u ——原状土的十字板剪切强度；

$c_{u'}$ ——重塑土的十字板剪切强度；

p_0 ——旁压试验初始压力；

p_L ——旁压试验极限压力；

p_y ——旁压试验临塑压力；

E_m——旁压模量；

E_D——扁铲模量；

I_D——侧胀土类指数；

K_D——侧胀水平应力指数；

U_D——侧胀孔压指数。

2.2.5 其他参数

σ_0——地基基本承载力；

f——单桩极限桩周摩阻力标准值；

q——单桩极限端阻力标准值；

d_w——地下水位埋深；

δ——变异系数；

σ_f——标准差；

υ_s——剪切波波速；

d——桩径；

p_{cz}——坑底开挖面以下至承压含水层顶板间覆盖土的自重压力；

p_{wy}——承压水压力；

F_S——安全系数。

3 基本规定

3.1 一般规定

3.1.1 岩土工程勘察阶段分为可行性研究勘察、初步勘察和详细勘察，并与设计阶段相对应，见表 3.1.1。在施工阶段遇到有关岩土工程问题时，可根据需要进行施工勘察。

表 3.1.1 勘察阶段与设计阶段对应表

设计阶段名称	可行性研究	初步设计	施工图设计
勘察阶段名称	可行性研究勘察	初步勘察	详细勘察

3.1.2 工程沿线场地存在对工程设计和施工方案有重大影响的特殊性岩土、不良地质或水文地质工程问题时，应进行专项勘察。

3.1.3 岩土工程勘察应在搜集已有勘察设计资料、工程周边环境资料和建设经验的基础上，结合不同的线路敷设方式以及各类工程的建筑结构形式、施工方法，按相应的勘察阶段制定勘察纲要。

3.1.4 岩土工程勘察应选用适宜的勘察手段，确定合理的工作量，查明拟建场地的工程地质与水文地质条件，进行岩土工程分析和评价，提供设计和施工所需的岩土参数，提示岩土工程风险，提出岩土治理、环境保护、工程监测等建议。

3.1.5 勘察手段可综合采用工程地质调绘、勘探与取样、原位测试、水文地质试验、室内试验等。勘探孔类型宜以取样孔、取样兼标贯孔和静力触探孔为主，不宜采用鉴别孔；原位测试和水文地质试验宜根据工点结构类型和地层特点适当布置。浅层勘探可采用小螺纹孔，并辅以物探、静力触探等手段。

3.2 勘察等级

3.2.1 岩土工程勘察可根据工程重要性、场地地基复杂程度和工程环境安全等级综合确定勘察等级。

3.2.2 工程重要性等级可根据工程的规模、建(构)筑类型和特点以及因岩土工程问题造成工程破坏或影响正常使用的后果，按照表 3.2.2 划分。

表 3.2.2 工程重要性等级

工程重要性等级	工程破坏的后果	工程及建筑类型
一级	很严重	正线路基、地下及高架线路、车站主体、大中桥梁、地下停车场、控制中心、主变电站、区间风井、盾构井、联络通道等
二级	严重	除一级、三级以外的建(构)筑物
三级	不严重	次要建(构)筑物等

3.2.3 场地地基复杂程度等级可根据工程地质、水文地质、不良地质条件进行划分。场地存在下列情况之一的为一级场地(复杂场地)，其余均属二级场地(中等复杂场地)：

1 场地地基持力层层面起伏大或跨越不同工程地质单元。

2 抗震不利地段或抗震危险地段。

3 存在需要专门处理的不良地质或特殊性岩土。

4 场地存在对工程建设有影响的(微)承压水。

5 河岸及边坡场地的边缘。

3.2.4 工程环境安全等级可根据工程与周边环境的位置关系和相互影响程度、工程周边环境的重要程度及破坏后果的严重程度按下列原则确定：

一级环境安全等级：工程周边环境与工程相互影响大，破坏后果严重。

二级环境安全等级:工程周边环境与工程相互影响较大,破坏后果较严重。

三级环境安全等级:工程周边环境与工程相互影响小,破坏后果不严重。

3.2.5 岩土工程勘察等级分为甲、乙和丙三级。可综合工程重要性等级、场地地基复杂程度、环境安全等级按下列原则确定:

甲级:在工程重要性等级、场地地基复杂程度等级和工程环境安全等级中,有一项或多项为一级。

乙级:除勘察等级为甲级和丙级以外的勘察项目。

丙级:工程重要性等级和工程环境安全等级均为三级,场地地基复杂程度等级为二级。

3.3 勘察纲要

3.3.1 勘察工作开始前,应根据委托单位要求、各阶段设计方案、工程地质条件及勘察技术要求等编制相应勘察阶段的岩土工程勘察纲要。

3.3.2 勘察纲要由文字部分和图表部分构成。

3.3.3 勘察纲要文字部分应包括以下内容:

1 项目概况,包括工程位置、线路走向、设计速度、建设规模、建设单位、设计单位等。

2 勘察目的、编制依据、执行技术标准及已有地质资料分析。

3 自然地理及地质概况,包括沿线的地形地貌、气象水文、地震、地层岩性、地质构造、水文地质条件、不良地质和特殊性岩土以及可能影响线位或工程结构设置的重大或关键性地质问题等。

4 勘察工作内容及技术要求,包括勘察工作的主要内容、勘察方法手段的选用及各项勘察工作的主要技术要求。

5 各类工程的勘察原则，包括各类工程勘察采取的手段、勘探点布置原则及勘探孔终孔原则、取样测试要求等。

6 不良地质及特殊岩土勘察原则，包括勘察采取的手段、沿线重点不良地质及特殊岩土勘探点布置原则及勘探孔终孔原则、取样测试要求等。

7 预计勘察主要工作量，包括各项勘探工作、原位测试及室内试验工作量。

8 组织机构、人员及野外勘探和室内试验设备配置。

9 计划进度安排及保障措施，包括勘察工作进度安排、进度保障措施、质量保障措施、安全保障措施及环境保障措施。

10 资料编制原则及应提交成果资料。

11 其他需说明的问题。

3.3.4 勘察纲要的图表部分应包括以下内容：

1 勘探点平面布置图。

2 收集的地质资料图表。

3 勘探工作量和室内试验计划表。

4 收集的沿线管线物探成果图等。

3.3.5 当地质条件、设计方案、勘察技术要求等发生变化时，勘察纲要应根据变化情况及时进行调整。

4 岩土分类

4.1 土的分类

4.1.1 土的类别及定名划分标准，应根据土的塑性指数或颗粒组成按表 4.1.1 确定。

表 4.1.1 土的类别及定名划分标准

土的类别及名称		划分标准	
		塑性指数 I_P	颗粒组成
黏性土	黏土	$I_P>17$	—
	粉质黏土	$10<I_P\leqslant17$	—
粉土	黏质粉土	$I_P\leqslant10$	粒径小于 0.005 mm 的颗粒含量等于或大于全重的 10%，小于等于全重的 15%
	砂质粉土	—	粒径小于 0.005 mm 的颗粒含量小于全重的 10%
砂土	粉砂	—	粒径大于 0.075 mm 的颗粒含量占全重的 50%～85%
	细砂	—	粒径大于 0.075 mm 的颗粒含量大于全重的 85%
	中砂	—	粒径大于 0.25 mm 的颗粒含量大于全重的 50%
	粗砂	—	粒径大于 0.50 mm 的颗粒含量大于全重的 50%
	砾砂	—	粒径大于 2 mm 的颗粒含量占全重的 25%～50%

注：1 对砂土定名时，应根据粒径分组，从大到小，由最先符合者确定；当其粒径小于 0.005 mm 的颗粒含量大于全重的 10%时，宜按混合土定名，如“含黏土质粉砂”等。

2 $I_P=10\sim12$ 的低塑性土，应同时进行颗分试验，若粒径小于 0.005 mm 的颗粒含量小于或等于全重的 15%，应以颗分定名为准。

3 塑性指数的确定，液限以 76g 圆锥仪入土深度 10 mm 为准；塑限以搓条法或联合法为准。

4 当有机质灼失量 $W_u\geqslant5\%$ 时，可按下列原则定名：$5\%\leqslant W_u\leqslant10\%$ 时，定为有机质土；$10\%<W_u\leqslant60\%$ 时，定为泥炭质土；$W_u>60\%$ 时，定为泥炭。

4.1.2 天然含水量大于液限且天然孔隙比大于 1.0 的粉质黏土及天然孔隙比大于 1.3 的黏土，应分别定名为淤泥质粉质黏土及淤泥质黏土；天然含水量大于液限且天然孔隙比大于或等于 1.5 的新近沉积黏性土应定名为淤泥。

4.1.3 当两类不同的土相间成层时，土层定名应综合其层理、厚度比及韵律变化，分别描述为互层、夹层和夹薄层等，在定名时应把厚的土层写在前面。

1 若厚度比大于 1/3 时，宜定名为“互层”。

2 若厚度比为 1/10～1/3 时，宜定名为“夹层”。

3 若厚度比小于 1/10 时，宜定名为“夹薄层”。

4.1.4 人工填土应根据堆填方式、组成物质特征等因素，分为杂填土、素填土、冲填土、填筑土等。

1 杂填土：由建筑垃圾、工业废料、生活垃圾等杂物组成的填土。

2 素填土：由黏性土、粉土、砂土等组成的填土。

3 冲填土：由水力冲填泥沙形成的填土，俗称“吹填土”。

4 填筑土：按一定标准控制材料成分、密度、含水量，分层压实或夯实而成的填土。

4.1.5 在原浜、塘范围内，由人工填埋形成的填土俗称“浜填土”，按其物质成分，可按本规范第 4.1.4 条进行相应定名。对浜底含大量黑色有机质、流塑状的土，可定名为“浜底淤泥”。

4.1.6 由于致污物质的侵入，使土的成分、结构和性质发生显著变异的土，应判定为污染土。污染土的定名可在原分类名称前冠以“污染”。

4.1.7 土层划分应根据野外编录、土工试验和原位测试成果综合确定，地基土层序编号及定名宜参照本规范附录 A 执行，并宜符合下列要求：

1 对工程有重要影响的特殊性土层或标志层（如泥炭、有机质土、贝壳、浜底淤泥等）均宜单独分层。

2 在厚层土中，当出现不同土类且呈水平向逐渐尖灭时，可划分为“透镜体”单独定名。

4.2 岩石的分类

4.2.1 上海在西南剥蚀残丘区域有基岩出露，基岩埋深由西南向东北方向趋深。剥蚀丘陵系中生界燕山期火山喷发所形成。岩性主要为上侏罗统中酸性火山熔岩和火山碎屑岩。

4.2.2 岩石的分类应符合现行国家标准《岩土工程勘察规范》GB 50021 及其他有关标准的规定。

5 可行性研究勘察

5.1 一般规定

5.1.1 可行性研究勘察应针对线路方案，开展岩土工程勘察工作，研究线路场地的工程地质及水文地质条件、周边环境条件，为线路方案比选提供地质依据。

5.1.2 可行性研究勘察应根据线路的走向、敷设形式、场地的复杂程度及工程周边环境条件等开展工作。重点研究对线路方案有重大影响的不良地质、特殊性岩土及关键工程的工程地质条件。

5.1.3 可行性研究勘察应在搜集整理、分析利用已有地质资料和工程地质调查与测绘基础上，开展必要的勘探与取样、原位测试及室内试验等工作。

5.2 目的和任务

5.2.1 可行性研究勘察应调查线路可能通过区的区域地质条件、工程地质及水文地质条件、周边环境条件，并重点研究控制线路方案的工程地质问题，为线路走向、站位、敷设形式等方案的比选、技术经济论证、工程周边环境保护和编制可行性研究报告提供地质资料。

5.2.2 可行性研究勘察应包括下列内容：

1 搜集区域地质、地形、地貌、水文、气象、地震等资料，以及相关工程建设经验。

2 调查线路沿线的地形地貌、地层岩性、地质构造、水文地质特征及工程地质条件。划分工程地质单元，进行工程地质初步分区，评价场地的稳定性和适宜性。

3 了解沿线各类不良地质、特殊性岩土的成因类型、性质、分布范围，分析其对线路的危害程度，提出线路避让或防治的初步建议。对控制线路方案的不良地质和特殊性岩土应进行必要的勘探、测试工作。

4 调查工程周边环境条件，对控制线路方案的工程周边环境，分析其与线路方案的相互影响，提出规避和防治的初步建议。

5 对地质条件复杂、控制线路方案的重要路基、特大桥、长隧道及地下车站等工点，了解其工程地质条件，为其位置选择和可行性研究提供地质资料。

6 评价线路各方案的工程地质条件，分析存在的工程地质问题，提出线路方案比选意见建议。

7 编制可行性研究勘察阶段的岩土工程勘察报告。

5.3 勘察要求

5.3.1 可行性研究勘察的资料搜集和分析宜包括下列内容：

1 工程所在地的气象、水文资料以及与工程相关的水利、防洪设施等资料。

2 区域地质、构造、地震及液化等资料。

3 沿线地形、地貌、地层岩性、地下水、特殊性岩土、不良地质和地质灾害等资料。

4 沿线河、湖、沟、坑的历史变迁及工程活动引起的地质变化等资料。

5 影响线路方案的桥涵、隧道、路基等建(构)筑物工程周边环境的设计与施工、沉降观测等资料。

5.3.2 可行性研究勘察的勘探工作应符合下列要求：

1 在收集资料的基础上，一般路基勘探点间距不宜大于1 000 m，重要路基、特大桥、长隧道、车站及车辆基地等应有勘探点。

2 勘探点数量应满足工程地质分区的要求，每个工程地质单元应有勘探点，在地质条件复杂地段宜加密勘探点。

3 控制线路方案的江、河、湖等地表水体及不良地质和特殊岩土等地段应布置勘探点。

4 当有两条或两条以上比选线路方案时，各比选方案宜布置勘探点。

5 勘探孔深度应满足场地稳定性、适宜性评价和线路方案设计、工法选择等需要。

6 初步勘察

6.1 一般规定

6.1.1 初步勘察应根据初步设计阶段的技术要求和设计方案，开展相应的勘察工作。在可行性研究勘察的基础上，按可行性研究文件确定的各类工程进行勘探工作布置，初步查明拟建场地沿线的工程地质、水文地质、不良地质以及工程周边环境等，为各类工程初步设计提供地质依据。

6.1.2 初步勘察工作可采用工程地质调查与测绘、勘探与取样、静力触探、标准贯入、水文地质试验、室内试验等多种手段相结合的综合勘察方法，必要时可适当布置波速测试等其他原位测试。按各类工程建筑场地、不良地质、特殊性岩土等地段布置，勘探工作应符合下列要求：

1 勘探点的布置应满足初步查明各类工程场地的地质条件和初步设计要求，当地质条件或周边环境复杂时，勘探点可适当加密。

2 勘探点类型宜以取土孔、取土标贯孔、静力触探孔为主，其中取土孔数量不宜少于勘探孔总数的1/2。

3 勘探点的深度应满足各类工程要求，宜以控制性孔为主；对于查明水文地质条件、不良地质及特殊岩土的勘探测试孔，应视具体情况确定。

4 采取水样、土样可按工程地质条件分段或按工点进行，每层原状土试样或标准贯入试验数据不宜少于6个。

6.1.3 对控制线路平面、埋深及施工方法的岩土工程条件应进行重点勘察，并结合工程周边环境调查成果提供岩土工程防治和风险控制的措施建议。

6.2 目的和任务

6.2.1 初步勘察应在可行性研究勘察的基础上，按设计方案确定的各类工程进行勘察方案布置，初步查明沿线的工程地质和水文地质条件，为各类工程初步设计提供地质依据。

6.2.2 初步勘察应充分研究工程可行性研究报告和可行性研究阶段勘察成果等资料，进一步收集相关区域地质资料。初步勘察应包括下列内容：

1 初步查明线路沿线的地形地貌、地层岩性、地质构造、水文地质特征及工程地质条件。

2 初步查明沿线各类不良地质、特殊岩土的成因类型、地层结构、分布范围、规模、发生原因、发展趋势及其对线路的危害程度，提出对不良地质及特殊岩土的处理措施建议。

3 初步评价水和土对建筑材料的腐蚀性。

4 对场地和地基的地震效应进行初步分析评价。

5 对拟建场地的稳定性和适宜性作出评价。

6 初步查明路基、桥涵、隧道、车站、车辆基地和相关附属工程场地的工程地质和水文地质条件，预测可能出现的工程地质问题，提出基础类型及施工方法建议，提供地基承载力，评价地基稳定性和均匀性，为各类工程初步设计提供所需的岩土物理力学参数。

7 对工程修建可能出现的地质病害及环境工程地质问题进行分析、评价，并提出防治措施建议。

8 初步确定沿线岩土的施工工程分级、围岩分级。

9 评价局部线路方案调整地段的工程地质条件，分析存在的工程地质问题，提出比选意见。

10 编制初步勘察阶段的岩土工程勘察报告。

6.3 路基、涵洞工程

6.3.1 路基工程初步勘察尚应满足下列要求：

1 初步查明各岩土层的岩性、分布情况及物理力学性质，重点查明不稳定岩土体、软弱土层等对路基工程有控制性影响的不良地质体的分布范围。

2 初步评价路基基底的稳定性，划分岩土施工工程等级，指出路基设计应注意的事项并提出相关建议。

3 初步查明水文地质条件，评价地下水对路基的影响，提出地下水控制措施建议。

4 对软弱土层，初步评价路基的稳定性和变形，提出地基处理意见。

5 对支挡结构，应初步评价地基稳定性和承载能力，提出地基基础方案及地基处理措施建议。

6.3.2 涵洞工程初步勘察尚应满足下列要求：

1 初步查明涵洞场地地貌、地层分布、岩性、不良地质和特殊性岩土的分布及发育特征。

2 初步查明涵洞地基的水文地质条件，必要时进行水文地质试验，提出水文地质参数。

3 初步评价涵洞地基均匀性、稳定性和承载力，提供涵洞设计、施工所需的岩土参数。

6.3.3 路基、涵洞工程勘探点间距应符合下列要求：

1 路基工程的勘探点可结合涵洞工程勘探统筹考虑，勘探点间距 100 m～150 m，支挡结构、涵洞应有勘探点控制。

2 每个地貌、地质单元均应布置勘探点，在地貌、地质单元交接部位和地层变化较大地段，勘探点应适当加密。

6.3.4 路基、涵洞工程的勘探孔深度应满足稳定性评价、变形计算、软弱下卧层验算的要求，一般应至基底持力层以下 5 m～

10 m;当基底以下存在软弱地层或可能滑动面时,孔深应至该软弱地层层底或可能滑动面以下 10 m～15 m。

6.4 桥梁工程

6.4.1 桥梁等级分类可按表 6.4.1 确定。

表 6.4.1 桥梁等级分类

分类名称	特大桥	大桥	中桥	小桥
桥梁长度	500 m 以上	100 m 以上至 500 m	20 m 以上至 100 m	20 m 及以下
单孔跨径 L_K	$L_K > 150$ m	40 m $\leqslant L_K \leqslant$ 150 m	20 m $\leqslant L_K <$ 40 m	$L_K <$ 20 m

注:当桥梁长度与单孔跨径确定的桥梁等级不一致时,宜按单孔跨径确定。

6.4.2 桥梁工程初步勘察尚应满足下列要求:

1 初步查明沿线桩基持力层的分布、厚度变化规律,提出桩型建议,提供初步设计所需的桩基设计参数。

2 根据沿线施工环境,初步分析沉(成)桩的可能性,评价桩基施工与环境的相互影响。

6.4.3 初步勘察的勘探点沿桥址轴线方向并结合桥墩隔墩台布置,间距宜为 100 m～200 m,特大桥、大桥主跨位置应布置勘探孔。

6.4.4 勘探孔深度应根据桥梁分类及地基土条件综合确定,初步勘察阶段孔深应以控制孔为主,勘探孔深度应满足地基稳定性分析与变形计算要求。

6.5 隧道工程

6.5.1 本节适用于明挖法隧道、盾构法隧道、中间井、联络通道的岩土工程初步勘察。

6.5.2 隧道工程初步勘察尚应满足下列要求：

1 初步划分隧道的围岩分级和岩土施工工程分级。

2 根据隧道的结构形式、埋置深度、施工方法等，结合岩土工程条件，提供初步设计所需的岩土参数，提出地基基础方案的初步建议。

3 每个水文地质单元宜选择代表性地段进行水文地质试验，提供水文地质参数，必要时设置地下水长期观测孔。

4 初步查明地下有害气体、污染土层的分布、成分，评价其对工程的影响。

5 针对隧道的施工方法，结合岩土工程条件，初步分析隧道开挖与支护、围岩加固、盾构设备选型、地下水控制等可能遇到的岩土工程问题，提出处理措施的初步建议。

6.5.3 隧道工程勘探孔布置应符合下列规定：

1 勘探孔宜在隧道结构边线外侧 6 m～10 m 的范围内交叉布置。

2 勘探孔间距宜为 100 m～200 m，中间井、联络通道部位宜有勘探孔控制。

3 对地基土分布复杂、不良地质和特殊性岩土发育地段，或设计有特殊要求时，勘探孔宜适当加密。

6.5.4 隧道勘探孔深度应符合下列规定：

1 明挖法隧道和中间井一般性勘探孔深度不宜小于 2.5 倍开挖深度，且满足基础设计要求；控制性勘探孔深度不宜小于 3.0 倍开挖深度，并满足变形验算要求。

2 盾构法隧道和联络通道一般性勘探孔深度不宜小于隧道底以下 2.5 倍隧道直径；控制性勘探孔深度不宜小于隧道底以下 3.0 倍隧道直径。

6.6 车站工程

6.6.1 本节适用于地下车站、高架车站、地面车站的岩土工程初步勘察。

6.6.2 初步勘察工作尚应包括下列内容：

1 提出基础形式、基础持力层选择建议，初步提供地基承载力及初步设计所需的岩土物理力学性质参数。

2 初步分析地下车站基坑支护、岩土加固与开挖、地下水控制等可能遇到的岩土工程问题，划分岩土施工工程分级，提出地下工程施工方法选择的建议。

3 初步提出高架车站的桩基持力层选择、桩型建议、桩基设计参数，初步分析沉(成)桩的可能性。

4 分析车站与其周边环境的相互影响，提出预防措施建议。

6.6.3 地下车站勘探工作布置应符合下列规定：

1 地下车站的勘探孔宜按结构轮廓线布置，每个车站勘探孔数量不宜少于 4 个，且勘探点间距不宜大于 100 m。

2 勘探孔深度不宜少于 3 倍开挖深度，且满足不同基础类型及施工工法对孔深的要求。

6.6.4 高架车站勘探工作布置应符合下列规定：

1 高架车站应结合车站平面位置布置勘探孔，每个车站勘探孔数量不宜少于 4 个，间距宜为 80 m～150 m。

2 控制性勘探孔深度应满足地基稳定性分析与变形计算要求，一般性勘探孔深度应达到预计桩长以下 $3d$～$5d$(d 为桩径)，且不小于桩端以下 5 m。

6.6.5 地面车站勘探工作布置应符合下列规定：

地面车站建筑及附属设施的初步勘察，应符合现行上海市工程建设规范《岩土工程勘察规范》DGJ 08—37 的相关规定。

6.7 车辆基地

6.7.1 初步勘察阶段，应按场地并结合建(构)筑物布置勘察工作。

6.7.2 车辆基地的路基工程初步勘察要求除应符合本规范

第 6.3 节规定外，场地应布置勘探孔横断面，横断面间距宜为 200 m～300 m，勘探孔间距 100 m～150 m，咽喉区应布置勘探孔，勘探孔深度应揭穿软土层且满足沉降验算要求。

6.7.3 车辆基地的建(构)筑物勘探孔间距宜为 100 m～200 m。当建筑规划明确时，勘探孔宜优先考虑布置在重要拟建建(构)筑物部位。勘探孔深度应根据拟建工程性质及地基土条件等综合确定，并应符合现行上海市工程建设规范《岩土工程勘察规范》DGJ 08—37 的相关规定。

7 详细勘察

7.1 一般规定

7.1.1 详细勘察应在初步勘察的基础上，针对各类工程的建筑类型、结构形式、埋置深度和施工方法等开展工作，满足施工图设计要求。

7.1.2 详细勘察工作应结合区域地质条件、场地工程地质、水文地质、不良地质、特殊性岩土和工程周边环境等，主要采用工程地质调绘、勘探与取样、原位测试、水文地质试验、室内试验等综合勘察方法。

7.1.3 勘探孔宜以取样孔、取样兼标贯孔和静力触探孔为主，取样孔、取样兼标贯孔的数量不宜少于勘探孔总数的 1/3。其他原位测试宜根据工点结构类型和地层特点布置，波速测试数量不宜少于 3 个，其余数量不宜少于 2 个，水文地质试验宜结合地下工程设计方案和地下水对工程的影响程度布置，数量不宜少于 1 个。

7.1.4 勘探孔深度应满足地基基础设计及施工工法的要求。控制性勘探孔的数量不应少于勘探孔总数的 1/3。

7.1.5 取土样数量应根据钻孔数量、地基土厚度和均匀性等确定。每一工程地质单元中主要土层原状土样或标准贯入试验数据不应少于 6 组（件）或静力触探孔的分层测试数据不应少于 3 个，室内常规试验指标不应少于 6 组，室内特殊试验指标不应少于 3 组。

7.1.6 应收集场地新老地形图，加强对明浜、暗浜、厚填土等不良地质和特殊性岩土的调查工作，并采用小螺纹孔、浅层物探等综合手段进行查明。

7.2 目的和任务

7.2.1 详细勘察勘应在初步勘察的基础上，针对初步设计文件确定的各类工程建筑类型、基础结构类型、埋置深度和施工方法等开展勘察工作，查明各类工程建筑场地的工程地质及水文地质条件，提供满足施工图设计需要的地质资料。

7.2.2 详细勘察应充分研究初步设计文件，了解设计意图，搜集带坐标和地形的拟建工程的平面图、线路纵断面、基础结构类型、荷载、埋置深度、施工方法及变形控制要求等资料。详细勘察应包括下列内容：

1 查明各类工程场地的地形地貌、地层岩性、地质构造、水文地质特征及工程地质条件。

2 查明沿线各类不良地质、特殊岩土的成因类型、地层结构、性质、分布范围、规模、发生原因、发展趋势，评价对线路的危害程度，提出治理措施建议。

3 确定各类工程的岩土施工工程分级、围岩分级。

4 对场地和地基的地震效应进行分析评价，提供抗震设计参数。

5 查明地下水的埋藏条件，提供设计地下水位，判定水和土对建筑材料的腐蚀性。

6 查明线路路基、隧道、桥涵、车站、车辆基地和相关附属工程场地和地基的工程地质及水文地质条件，预测施工中可能出现的工程地质问题，提出处理措施建议，提供地基承载力，评价地基稳定性和均匀性，为各类工程的施工图设计提供所需的岩土物理力学参数。

7 对工程建设可能出现的地质病害及环境工程地质问题进

行分析、评价，并提出防治措施建议。

8 编制详细勘察阶段的岩土工程勘察报告。

7.3 路基、涵洞工程

7.3.1 路基工程详细勘察尚应满足下列要求：

1 查明各岩土层的岩性、分布情况及物理力学性质，重点查明不稳定岩土体、软弱土层等对路基工程有控制性影响的不良地质体的分布范围。

2 分析评价路基基底的稳定性及均匀性，划分岩土施工工程等级，明确路基设计应注意的事项并提出相关建议。

3 查明水文地质条件，评价地下水对路基的影响，提出地下水控制措施建议。

4 对软弱土层，应提供验算地基强度及变形的岩土参数，评价路基的稳定性和变形，提出地基处理建议。

5 对路基边坡，应提供边坡稳定性计算参数，分析评价其稳定性，提出边坡坡率和边坡治理措施建议。

6 对支挡结构，应提供支挡结构设计所需的岩土参数，评价支挡结构地基稳定性和承载能力，提出地基基础方案及地基处理措施建议；评价地下水对支挡结构的影响，提出处理措施建议。

7.3.2 涵洞工程详细勘察应满足下列要求：

1 查明地貌、地层、岩性、天然沟床稳定状态、不良地质和特殊性岩土，提供涵洞设计所需的岩土参数。

2 查明涵洞地基水文地质条件，必要时进行水文地质试验，提供水文地质参数。

7.3.3 勘探点的平面布置应满足下列要求：

1 路基工程勘探点可结合支挡结构、涵洞工程勘探统筹考虑，路基工程勘探点间距一般为 50 m～100 m；每个地貌、地质单元均应布置勘探点，在地貌、地质单元交接部位和地层变化较大地段，勘探点应适当加密。

2 支挡结构勘探点间距可根据场地复杂程度按表 7.3.3 确定。

表 7.3.3 按场地类别勘探点间距(m)

按场地类别勘探点间距	复杂场地	中等复杂场地
	15～30	30～50

3 路基工程应根据基底和边坡的特征，结合工程处理措施，确定代表性工程地质横断面的位置和数量。每条横断面的勘探点不宜少于 2 个。

4 涵洞工程处应有勘探点。

7.3.4 勘探孔的深度应满足以下要求：

1 路基工程及支挡结构、涵洞工程的控制性勘探孔深度应满足稳定性评价、变形计算、软弱下卧层验算的要求。

2 路基工程的一般性勘探孔深度应至基底持力层以下 5 m～10 m，基底以下存在软弱地层或可能滑动面时，孔深应至该层底或可能滑动面以下 10 m～15 m；地下水发育地段，应根据地下水控制需要适当加深。

3 支挡结构的一般性勘探孔深度应达到基底以下不小于 5 m，桩基应至桩底以下 5 m～10 m。

4 涵洞工程一般性勘探孔深度不宜小于相邻路基工程的勘探孔深度；有软弱夹层时，勘探孔深度应适当加深。

7.4 桥梁工程

7.4.1 桥梁工程详细勘察尚应满足下列要求：

1 查明场地地层的分布、厚度变化规律，推荐桩基持力层及桩型，提供桩基设计所需的岩土参数。

2 了解场地施工环境，分析沉(成)桩的可能性，评价桩基施工与环境的相互影响。

7.4.2 详细勘察勘探孔布置应符合下列要求：

1 桥梁勘探孔宜按照墩台布置，每墩宜布置1个勘探孔，对墩位排列紧密地段可按场地布置，同时兼顾墩台，勘探孔间距不宜大于35 m。

2 地质条件复杂或高墩、大跨及特殊结构的桥梁，宜适当增加勘探点数量。

7.4.3 详细勘察勘探孔深度应按下列要求确定：

1 控制性勘探孔深度应满足地基稳定性分析与变形计算要求。

2 一般性勘探孔深度不宜小于3倍～5倍桩径，且不小于桩端以下5 m。

3 河床中设置墩台时，勘探孔深度应同时满足抗冲刷验算要求。

7.4.4 当桥墩承台基础埋深大于3.0 m时，应满足基坑工程勘察要求。

7.4.5 结构复杂和单孔跨径大于100 m的桥梁，宜进行波速试验，提供土层的动力参数。

7.5 隧道工程

7.5.1 本节适用于明挖法隧道、盾构法隧道、中间井、联络通道的岩土工程详细勘察。

7.5.2 隧道工程详细勘察尚应满足下列要求：

1 详细查明各岩土层的分布，划分隧道的围岩分级和岩土施工工程分级，提供各岩土层的物理力学性质指标及隧道工程设计、施工所需的岩土参数。

2 详细查明不良地质、特殊性岩土的分布与特征，分析其对隧道工程的危害和影响，提出工程防治措施的建议。

3 对隧道围岩的稳定性进行评价，分析隧道开挖、围岩加固等可能出现的岩土工程问题，提出防治措施建议。

4 对基坑的稳定性进行评价，分析基坑开挖、支护可能出现的岩土工程问题，提出防治措施建议。

5 分析地下水对工程施工的影响，预测隧道突水和基坑涌水、流砂、管涌的可能性及危害程度。

6 分析评价工程降水、隧道开挖对工程周边环境的影响，提出周边环境保护措施和建议。

7 对隧道进出洞、联络通道等部位，应根据工程特点、地质条件、周边环境条件、施工工法等进行岩土工程分析和评价。

7.5.3 明挖法隧道勘察工作量布置应符合下列要求：

1 当明挖法隧道总宽度大于等于 15 m 时，宜沿其两侧结构边线分别布置勘探孔，勘探孔间距宜为 20 m～35 m。

2 当明挖法隧道总宽度小于 15 m 且地层分布较稳定时，勘探孔可在隧道结构边线两侧交错布置，勘探孔间距（投影距）不宜大于 35 m。

3 隧道端头部位应设置横剖面，且每条横断面上勘探孔不少于 2 个。

4 一般性勘探孔深度不宜小于 2.5 倍开挖深度，并应同时满足不同基础类型及施工工法对孔深的要求；控制性勘探孔深度不宜小于 3 倍开挖深度，且满足变形验算要求。

5 当采用立柱桩、抗拔桩时，勘探孔深度应满足其设计的要求。

6 在隧道开挖范围内取土样和标准贯入试验点间距宜为 1 m～2 m。

7 可采用综合勘探方法探明暗浜（塘）的分布，遇明浜（塘）时应量测河床断面及淤泥厚度。

7.5.4 盾构法隧道勘察工作量布置应符合下列要求：

1 勘探孔应在隧道结构边线外侧 3 m～5 m（水域 6 m～10 m）范围内交叉布置。

2 当上行、下行隧道内净距离大于等于 15 m 或上行、下行隧道外边线总宽度大于等于 40 m 时，宜按单线分别布置勘探孔。

3 勘探孔间距（投影距）不宜大于 50 m，水域段勘探孔间距（投影距）不宜大于 40 m；当地层变化较大且影响设计和施工时，应适当加密勘探孔。

4 联络通道位置应单独布置横剖面，每条横断面上勘探孔不少于 2 个，间距不宜大于 40 m。

5 一般性勘探孔深度不宜小于隧道底以下 2 倍隧道直径，控制性勘探孔深度不宜小于隧道底以下 3 倍隧道直径。

6 联络通道位置勘探孔深度宜为隧道底以下 2 倍～3 倍隧道直径，施工工法有特殊要求时可适当加深。

7 在隧道开挖范围内取土样和标准贯入试验点间距宜为 1 m～2 m。

7.5.5 中间井勘探孔应布置在角点或井边线外侧，且不宜少于 4 个勘探孔，勘探孔间距宜为 20 m～35 m；中间井详细勘察的其他要求可参照本节明挖法隧道的相关规定。

7.6 车站工程

7.6.1 本节适用于地面车站、高架车站、地下车站的岩土工程详细勘察。

7.6.2 详细勘察工作尚应包括下列内容：

1 提出基础型式、基础持力层，提供地基承载力、满足施工图设计所需的岩土物理力学性质参数。

2 分析地下车站岩土加固与开挖、基坑支护、地下水控制等可能遇到的岩土工程问题，划分岩土施工工程分级。

3 提出高架车站的桩基持力层选择、桩型建议，提供桩基设计参数，分析沉（成）桩的可能性。

4 分析车站与其周边环境的相互影响，提出预防措施建议。

7.6.3 地下车站勘探、测试应符合下列规定：

1 勘探点平面布置应符合下列规定：

1）地下车站主体勘探点宜沿结构轮廓线、角点布置，出入口与通道、风井等附属工程关键部位应有勘探点控制，勘探孔间距宜为 20 m～35 m。

2）每个车站不应少于 2 条纵断面和 3 条代表性横断面，其中车站端头应有横剖面。

2 勘探孔深度应符合下列规定：

1）一般性勘探孔深度不宜小于 2.5 倍开挖深度，并应满足不同基础类型及施工工法对深度的要求。

2）控制性勘探孔深度不宜小于 3 倍开挖深度，且满足变形验算要求。

3）当采用承重桩、抗拔桩时，勘探孔深度应满足其设计的要求。

3 原位测试、水文试验、浅层勘探应符合下列规定：

1）每个车站波速测试孔不宜少于 3 个，电阻率测试孔不宜少于 2 个。

2）在基坑开挖范围内取土样或标准贯入试验点间距宜为 1 m～2 m。

3）每个车站应进行水文地质试验，根据水文条件进行注水试验、承压水观测试验、抽水试验等，取水样进行水质分析。

4）可采用综合勘探方法探明暗浜（塘）的分布；遇明浜（塘）时应量测河床断面及淤泥厚度。

7.6.4 高架车站勘探、测试工作应符合下列规定：

1 高架车站的勘探孔宜沿车站周边、角点及柱列线布置，间距宜为 20 m～35 m；当相邻勘探孔揭露的土层变化较大且影响到桩基设计或施工方案选择时，宜适当加密勘探孔，但孔距不宜小于 10 m。

2 勘探孔深度应符合下列规定：

1） 控制性勘探孔深度应满足地基稳定性分析与变形计算要求。

2） 一般性勘探孔深度应达到预计桩长以下 $3d$～$5d$（d 为桩径），且不小于桩端以下 5 m。

7.6.5 地面车站勘探、测试工作应符合下列规定：

地面车站建筑及附属设施的详细勘察，应符合现行上海市工程建设规范《岩土工程勘察规范》DGJ 08—37 的相关规定。地面车站路基地段的勘察应符合本规范路基工程的相关要求。

7.7 车辆基地

7.7.1 详细勘察阶段，应按场地并结合建（构）筑物进行勘察工作。

7.7.2 车辆基地的路基工程详细勘察尚应满足下列要求：

1 咽喉部位应在初勘基础上加密布置横断面及勘探孔，横断面间距不宜大于 50 m，勘探孔间距不宜大于 50 m。

2 勘探孔深度应揭穿软土层且满足沉降验算要求。

7.7.3 车辆基地内的桥梁、隧道工程应符合本规范第 7.4～7.5 节的规定。对填土高度 2 m～2.5 m，面积大于 1 万 m^2 的大面积高填土工程车辆基地，宜按照大面积堆土工程提出详细勘察要求，相关要求应符合现行上海市工程建设规范《岩土工程勘察规范》DGJ 08—37 的相关规定。

7.7.4 车辆基地内其他各类建筑及附属设施的详细勘察除满足下述要求外，尚应符合现行上海市工程建设规范《岩土工程勘察规范》DGJ 08—37 的相关规定。

1 天然地基勘探孔间距宜为 30 m～50 m，勘探孔深度应满足天然地基沉降验算要求。

2 桩基工程勘探孔宜沿建（构）筑物周边、角点或主要柱列线布置。勘探孔间距宜为 20 m～35 m，一般性勘探孔深度应达到预计桩长以下 $3d$～$5d$（d 为桩径），且不得小于 5 m，控制性勘探孔深度应满足桩基沉降计算要求。抗拔桩的勘探孔间距可为30 m～50 m,勘探孔深度不应小于桩端入土深度。

3 沉降控制复合桩基勘探孔间距宜为30 m～45 m,一般性勘探孔深度不宜小于桩端下3 m,控制性勘探孔深度宜达桩端下10 m～15 m,并满足地基沉降计算要求。

4 基坑工程勘探孔宜布置在基坑周边或基坑围护体附近,基坑主要转角处宜有勘探孔。安全等级为一、二级的基坑工程,勘探孔间距宜为20 m～35 m;安全等级为三级的基坑工程,勘探孔间距宜为30 m～50 m;一般性勘探孔深度不宜小于2.5倍开挖深度,控制性勘探孔深度不宜小于3倍开挖深度;当采用承重桩、抗拔桩时,勘探孔深度应满足其设计的要求。

5 当相邻勘探孔揭露土层变化较大且影响到基础设计与施工方案时,宜适当加密勘探孔,但孔距不宜小于10 m。

6 宜沿天然地基建筑边线及主要基础柱列线、基坑边线布置小螺纹孔,孔距10 m～15 m,当遇暗浜等不良地质时,应加密孔距,查明其分布范围及断面形态,控制其边界的孔距宜为2 m～3 m,深度宜进入正常沉积土层不小于0.5 m。

7.8 大型临时工程

7.8.1 本节适用于制(存)梁场、铺轨基地、轨道板场、大型构件预制、存放场地等对变形较敏感的大型临时工程。

7.8.2 大型临时工程选址阶段宜利用邻近线路的地质资料,必要时按场地进行代表性勘察、测试工作。

7.8.3 详细勘察阶段,勘察方案应按场地控制。宜按“网格”型在场地内均匀布置勘探孔,勘探孔间距宜为100 m～200 m;勘探孔深度应根据拟建工程性质及地基土条件等综合确定。

7.8.4 原位测试及室内试验布置,应根据工程性质及地质条件综合确定。

8 施工勘察

8.1 一般规定

8.1.1 施工勘察应针对施工方法、施工工艺的特殊要求或施工中出现的工程地质问题等开展，提供所需的地质资料和相关岩土参数，满足施工方案调整和风险控制要求。

8.1.2 遇下列情况应进行施工勘察：

1 施工阶段遇到地质异常，影响工程质量安全。

2 施工阶段设计或施工方案有较大变更，采用新技术、新材料，勘察资料不能满足要求。

3 场地地下水位变化较大，影响工程施工或危及工程安全。

4 地下工程施工过程中出现支护结构变形过大、开裂，基坑或隧道出现涌水、坍塌和失稳等意外情况，或发生地面沉降过大等岩土工程问题。

5 工程降水、土体冻结等辅助工法需要时。

6 其他需要进行施工勘察的情况。

8.2 勘察要求

8.2.1 施工阶段勘察应搜集以下资料：

1 搜集施工方案、勘察报告，分析研究已有岩土工程勘察资料，掌握场地工程地质、水文地质、不良地质和特殊性岩土的分布情况。

2 搜集工程周边环境调查报告，了解核实工程周边环境条件变化、周边工程施工情况、场地地下水变化及地下管线渗漏情况，了解场地地下水位变化，分析地质与周边环境条件变化对工程可能造成的危害。

3 搜集和分析工程检测、监测和观测资料，基坑或基槽开挖地质条件，调查了解施工过程中出现的地质异常，分析需要解决的岩土工程问题。

8.2.2 施工勘察方法和工作量应根据场地岩土工程问题的复杂程度、已有的勘察工作和场地条件等确定，尽可能选用有针对性的原位测试手段。

8.2.3 施工勘察报告应针对具体的岩土工程问题进行分析评价，提供所需的岩土参数，提出工程处理措施建议。处理事故和应急时，应进行多方验证并进行不同状态及边界条件下的分析评价。

9　场地和地基的地震效应

9.1　一般规定

9.1.1　上海地区的抗震设防烈度、设计基本地震加速度、设计地震分组、各类场地的特征周期和地震影响系数，应按现行国家和地方标准确定。

9.1.2　岩土工程勘察应根据工程地质条件和抗震设防类别，进行相应的场地和地基的地震效应分析和评价。

9.1.3　岩土工程勘察报告应提出关于场地地震稳定性、场地类别、地基液化和软土震陷的评价和处理建议。

9.1.4　场地土类型划分、建筑场地类别划分、地基液化判别应执行现行国家标准《建筑抗震设计规范》GB 50011 和上海市工程建设规范《建筑抗震设计规程》DGJ 08—9 的有关规定；线路工程可执行现行国家标准《铁路工程抗震设计规范》GB 50111 的有关规定。

9.2　场地类别

9.2.1　每个车站、区间和车辆基地场地，测试土层剪切波速孔的数量不宜少于 3 个；对临时建筑工程，可根据土层名称、埋深、性状等估算剪切波速 v_s 值。

9.2.2　选择建筑场地时，应根据工程需要，了解地震活动情况、工程地质和地震地质的有关资料，划分抗震有利、一般、不利和危险地段。对不利地段，应提出避开要求；当无法避开时，应提出采取有效措施的建议。

9.3 地基液化判别

9.3.1 当地面以下 20 m 深度范围内存在饱和砂土或砂质粉土时，应判定该土层地震液化的可能性，并确定整个地基的液化等级。

9.3.2 进行地基液化判别时，符合下列条件之一可初判为不液化：

1 晚更新世（Q_3）及其以前地层。

2 土中黏粒含量百分率大于或等于 10。

3 砂质粉土或砂土与黏性土互层时。

4 砂质粉土或砂土在场地内平均厚度不足 1 m。

5 天然地基上覆非液化土层厚度超过液化土特征深度 d_0（砂质粉土为 6 m，砂土为 7 m，其中应扣除淤泥及淤泥质土层厚度）。

9.3.3 当初步判别认为需进一步进行液化判别时，应根据标准贯入试验或静力触探试验成果，进行土层液化可能性的判别，并确定液化强度比和各液化土层的埋深及厚度。两种试验判别方法同等有效。情况复杂时，可采用综合方法进行分析评价。

9.3.4 用于液化判别的标准贯入试验孔或静力触探试验孔，每个场地不应少于 3 个，勘探孔深度应大于液化判别深度。

9.3.5 当采用标准贯入试验判别时，应采用泥浆护壁钻进，试验点间距宜为 1.0 m～1.5 m，每层土的试验点数不宜少于 6 个，并应留样做颗粒分析试验（黏粒含量分析采用六偏磷酸钠作为分散剂）。

9.3.6 当实测标准贯入击数 N（未经杆长修正）小于临界标准贯入击数 N_{cr} 时，应判为可液化土。在地面下 20 m 深度范围内，液化判别标准贯入击数临界值 N_{cr} 可按式（9.3.6）计算：

$$N_{cr} = N_0\beta[\ln(0.6d_s + 1.5) - 0.1d_w]\sqrt{3/\rho_c} \qquad (9.3.6)$$

式中：N_{cr} ——液化判别标准贯入击数临界值；

N_0 ——液化判别标准贯入击数基准值，取 7 击；

β ——调整系数，上海按设计地震第二组取为 0.95；

d_s ——标准贯入试验点深度(m)；

d_w ——地下水位埋深(m)，可取 0.5 m；

ρ_c ——黏粒含量百分率，小于 3 时取 3。

9.3.7 当单桥探头实测比贯入阻力 p_s 小于临界比贯入阻力 p_{scr} 或双桥探头实测锥尖阻力 q_c 小于临界锥尖阻力 q_{ccr} 时，应判为可液化土。临界比贯入阻力 p_{scr} 或临界锥尖阻力 q_{ccr} 可分别按式(9.3.7-1)或式(9.3.7-2)确定。实测比贯入阻力 p_s 或实测锥尖阻力 q_c 可按每个静力触探试验孔中每米厚度的平均值取用。黏粒含量的取值应真实可靠，对砂质粉土或砂土层中比贯入阻力 p_s 或锥尖阻力 q_c 明显减小的夹层，宜在旁侧采取土试样进行验证。

$$p_{scr}=p_{s0}\left[1-0.06d_s+\frac{(d_s-d_w)}{a+b(d_s-d_w)}\right]\sqrt{\frac{3}{\rho_c}} \quad (9.3.7\text{-}1)$$

$$q_{ccr}=q_{c0}\left[1-0.06d_s+\frac{(d_s-d_w)}{a+b(d_s-d_w)}\right]\sqrt{\frac{3}{\rho_c}} \quad (9.3.7\text{-}2)$$

式中：p_{s0}，q_{c0} ——分别为液化临界比贯入阻力基准值和临界锥尖阻力基准值(MPa)，可分别取 3.20 MPa 和 2.90 MPa；

d_s ——静力触探试验点深度(m)；

a，b ——系数，分别取 1.0 和 0.75。

9.3.8 对于存在可液化土层的地基，可按式(9.3.8-1)～式(9.3.8-3)逐点计算液化强度比 F_{le}，按式(9.3.8-4)计算每个钻孔的液化指数 I_{le}，并按表 9.3.8 综合划分地基的液化等级。

$$F_{le}=\frac{N}{N_{cr}} \quad (9.3.8\text{-}1)$$

$$F_{le}=\frac{p_s}{p_{scr}} \quad (9.3.8\text{-}2)$$

$$F_{le}=\frac{q_c}{q_{ccr}} \quad (9.3.8\text{-}3)$$

$$I_{le}=\sum_{i=1}^{n}(1-F_{lei})d_iW_i \tag{9.3.8-4}$$

式中：F_{lei}—— 第 i 试验点的液化强度比，当 $F_{lei}>1.0$ 时，取 $F_{lei}=1.0$；

I_{le}——液化指数；

p_s，q_c——分别为实测比贯入阻力和实测锥尖阻力(MPa)；

N——标准贯入击数的实测值；

d_i—— 第 i 试验点所代表的土层厚度(m)；

W_i—— 第 i 试验点所代表土层的埋深权数(m^{-1})，当该层中点深度不大于 5 m 时采用 10，等于 20 m 时采用零值，5 m～20 m 时按线性内插法取值；

n——可液化土层范围内的分层总数。

表 9.3.8　液化等级

液化等级	轻微	中等	严重
液化指数	$0<I_{le}\leqslant 6$	$6<I_{le}\leqslant 18$	$I_{le}>18$

9.3.9　评价地基液化等级时，应符合下列规定：

1　在同一地质单元内，各孔判别结果不一致时，可按多数孔的判别结果或以各孔液化指数的平均值确定。

2　当建设场地涉及不同地质单元时，应分区评价。

9.3.10　地基抗液化措施应根据建(构)筑物的抗震设防类别和地基的液化等级，参照表 9.3.10 并结合具体情况予以确定。

表 9.3.10　地基抗液化措施选择原则

抗震设防类别	地基的液化等级		
	轻微	中等	严重
特殊设防(甲类)	(1)	(1)	(1)
重点设防(乙类)	(2)或(3)	(1)或(2)+(3)	(1)

续表9.3.10

抗震设防类别	地基的液化等级		
	轻微	中等	严重
标准设防(丙类)	(3)或(4)	(3)或(2)	(1)或(2)+(3)
适度设防(丁类)	(4)	(4)	(3)或更经济的措施

注:1. (1) 全部消除地基液化沉降的措施,如桩基、加大基础埋置深度、深层加固至液化层下界、挖除全部液化土层等。

(2) 部分消除地基液化沉降的措施,如加固或挖除一部分液化土层等。

(3) 基础和上部结构处理,指减小不均匀沉降或使建(构)筑物较好适应不均匀沉降的措施等。

(4) 可不采取措施。

2. 表中措施未考虑倾斜地层和液化土层严重不均匀的情况。

10 不良地质

10.1 一般规定

10.1.1 不良地质主要指明浜、暗浜、浅层气、液化土层等。

10.1.2 市域铁路应尽量绕避不良地质，对于工程难以绕避的不良地质应进行工程地质勘察。

10.1.3 各勘察阶段主要目的如下：

1 可行性研究勘察阶段主要通过资料收集、工程地质调查以及适当的勘探手段了解拟建线路通过地区不良地质的类型及分布情况，为工程选线及可行性研究阶段提供地质依据。

2 初步勘察阶段应收集和研究前一阶段的地质资料，结合工程地质调查、勘探和测试，初步查明不良地质的类型、成因及分布等基本特征，初步分析评价其工程地质条件，为初步设计提供地质依据。

3 详细勘察阶段应详细查明不良地质的类型、成因及分布等基本特征，分析评价其工程地质条件，为不良地质整治及施工图设计提供地质依据。

10.1.4 不良地质勘察应在工程地质调查的基础上，根据不同勘察阶段及各种不良地质类型，采用钻探、小螺纹孔勘探、原位测试及物探等方法结合室内试验进行综合勘探和综合分析。

10.2 明 浜

10.2.1 明浜勘察应查明明浜的分布范围、水位、水深及浜底淤泥厚度。

10.2.2 明浜勘察可采用小螺纹孔进行。

10.2.3 明浜勘察应符合下列要求：

1 沿平行、垂直线路方向布置勘探线，勘探点间距不宜大于15 m，控制明浜边界时间距宜为2.0 m～3.0 m。

2 勘探点深度应穿透填土、淤泥层，并进入下部正常沉积土层不小于0.5 m。

10.2.4 勘察报告应分析评价明浜的分布范围、水深、浜底淤泥、地表水与地下水的水力联系和河岸稳定性等对工程建设及运营的影响，并提出应对措施建议。

10.3 暗 浜

10.3.1 暗浜勘察应查明暗浜的分布范围、埋藏深度、成分组成及工程性质等。

10.3.2 暗浜勘察可采用小螺纹孔进行；必要时，辅以钻探、静力触探及工程物探等手段。

10.3.3 暗浜勘探应符合下列要求：

1 沿平行、垂直线路方向布置勘探线，勘探点间距宜为10 m～15 m，控制暗浜边界时间距宜为2 m～3 m；必要时，可布置钻孔取样进行室内试验。

2 勘探点深度应穿透填土及浜填土层，并进入下部正常沉积土层不小于0.5 m。

10.3.4 勘察报告应分析评价暗浜范围、埋藏深度、成分组成及工程性质等对工程建设及运营的影响，并提出相应的处理措施建议。

10.4 浅层气

10.4.1 勘察过程中揭露浅层气时，应调查（量测）浅层气生成、储藏和保存条件，储气层及气源层的埋深、厚度、储气量、气压、成分及分布范围。

10.4.2 根据已有勘察成果，分析评价浅层气对工程建设的影响，提出处理措施建议，必要时提出专项勘察的建议。

10.5 液化土层

10.5.1 当场地存在液化土层时，应查明其埋深、厚度、分布范围，确定场地地基液化等级。

10.5.2 液化土层的勘察可采用钻探取样、标准贯入试验、静力触探试验等综合勘探方法进行。

10.5.3 勘察报告应对液化土层进行液化判别，确定液化等级，分析评价其对设计、施工的影响，并提出相应的处理措施建议。

11 特殊性岩土

11.1 一般规定

11.1.1 特殊性岩土主要指填土、软土、污染土、有机质土等。

11.1.2 市域铁路应尽量绕避地质条件复杂的长大段落特殊性岩土分布区；对于工程难以绕避的特殊性岩土，应进行工程地质勘察。

11.1.3 各勘察阶段主要目的任务如下：

1 可行性研究勘察阶段主要通过资料收集、工程地质调查以及适当的勘探手段了解拟建线路通过地区特殊性岩土的类型和分布情况，为工程选线及可行性研究阶段提供地质依据。

2 初步勘察阶段应收集和研究前一阶段的地质资料，结合工程地质调查、勘探和测试，初步查明特殊性岩土的类型、成因及分布范围，分析评价其工程地质条件，为初步设计提供地质依据。

3 详细勘察阶段应详细查明特殊性岩土的类型、成因、岩性、厚度、分布范围及物理力学性质，分析评价其工程地质条件、为特殊性岩土的处理提出工程措施建议，为施工图设计提供地质依据。

11.1.4 特殊性岩土勘察应在工程地质调查的基础上，根据不同勘察阶段及各种不良地质类型，采用钻探、槽探、小螺纹孔勘探及原位测试等方法结合室内试验进行综合勘探和综合分析。

11.2 填　土

11.2.1 填土勘察应包括下列内容：

1 搜集资料，调查地形和地物的变迁，填土的来源、堆积年限和堆积方式。

2 查明填土的分布范围、厚度、物质成分、颗粒级配、有机质含量、均匀性、密实性、压缩性等工程性质及其变化规律。

11.2.2 勘探方法应根据填土性质确定。对于粉土或黏性土组成的素填土，可采用挖探、槽探、钻探取样与原位测试相结合的方法；对含较多粗颗粒成分的素填土和杂填土，宜采用动力触探、钻探等方法。

11.2.3 填土的岩土工程评价应符合下列要求：

1 阐明填土的成分、分布和堆积年代，判定地基的均匀性、压缩性、密实度；必要时应按厚度、强度和变形特性分层或分区评价。

2 评价填土对工程的影响，提出处理措施。

11.3 软 土

11.3.1 软土勘察除应符合常规要求外，尚应查明下列内容：

1 成因类型、分布规律、层理特征及均匀性。

2 沉积环境、固结历史、强度、压缩特性、灵敏度、有机质含量等。

11.3.2 软土勘察宜采用钻探取样与静力触探结合的手段；必要时，可采用旁压试验、十字板剪切试验和扁铲侧胀试验等原位测试方法。

11.3.3 软土的岩土工程分析与评价应包含以下内容：

1 分析软土的工程力学性质，评价其对工程产生的影响。

2 判定地基产生失稳和过量沉降或不均匀变形的可能性；当工程位于池塘、河岸、边坡附近时，评价其稳定性。

3 分析评价软土对基坑和隧道的开挖、支护结构类型、地下水控制等设计施工的影响，并提供设计所需的岩土参数。

4 软土受扰动后产生结构性破坏，应分析其强度和变形参数的变化对工程产生的影响。

5 软土地基承载力应根据室内试验、原位测试和当地经验，并结合下列因素综合确定：

1）软土成层条件、应力历史、结构性、灵敏度等力学特性和排水条件。

2）上部结构的类型、刚度、荷载性质和分布，对不均匀沉降的敏感性。

3）基础的类型、尺寸、埋深和刚度等。

4）施工方法和程序。

6 当地面有大面积堆载时，应分析对相邻建（构）筑物的不利影响。

7 地基沉降计算可采用分层总和法或土的应力历史法，并应根据当地经验进行修正；必要时，应考虑软土的次固结效应。

8 提出基础形式和持力层的建议；对于存在软弱下卧层的地基，尚应提供进行软弱下卧层验算的岩土参数。

11.4 污染土

11.4.1 勘察过程中揭露污染土时，应调查污染源、污染类型、污染范围及污染深度。

11.4.2 根据已有勘察成果，分析评价污染土对工程建设的影响，提出处理措施建议；必要时，提出专项勘察的建议。

11.5 有机质土

11.5.1 有机质土勘察应查明其物理力学性质、厚度、成因类型、埋藏条件及分布范围。

11.5.2 有机质土的勘察可采用钻探、静力触探、小螺纹钻孔、十字板剪切试验和室内试验相结合的手段进行。

11.5.3 有机质土勘探尚应符合下列要求：

1 当需要圈定重要的局部变化时，勘探点应在本规范第6章的要求上适当加密。

2 取样间距不宜大于0.5 m。

3 除常规试验外，应进行有机质含量试验及腐蚀性试验。

11.5.4 有机质土的岩土工程分析与评价除应满足本规范第11.3节内容外，尚应分析评价有机质土对基坑围护及水泥土加固设计施工的影响。

12 地下水

12.1 一般规定

12.1.1 岩土工程勘察应根据工程要求，通过搜集资料和勘察工作，掌握下列水文地质条件：

1 主要含水层的分布规律，地下水的类型及赋存状态。

2 勘察时的地下水位，水位变化趋势和主要影响因素。

3 地下水的补给、径流、排泄条件，地表水与地下水的补排关系及其对地下水位的影响，气候及大气降水对地下水位的影响。

4 是否存在对地下水和地表水有影响的污染源。

12.1.2 当地下水对工程有重要影响时，宜设置长期观测孔，对有关层位的地下水进行长期观测。

12.2 水文地质参数的测定

12.2.1 水文地质参数应根据土层性质和工程需要以及对参数的要求测定。

12.2.2 勘察时遇地下水，应量测水位。当场地存在对工程有影响的多层含水层时，应分层量测。

12.2.3 稳定水位可在钻孔、探坑内直接量测，稳定水位量测的间隔一般不少于 8 h。量测读数至厘米，精度不得低于 ±2 cm。当场地位于江、河、湖、海岸边时，地表水和地下水应同时量测，并应注明量测时间，以了解地下水与地表水之间的水力联系。

12.2.4 测定地下水流向可用几何法，量测点不应少于 3 个，且同时量测水位，测点(孔)呈三角形分布。测定地下水流速可用示踪剂、充电法或声呐法。

12.2.5 含水层的渗透系数宜采用抽水试验或注水试验求得；含水层的透水性根据渗透系数 k 值，按表 12.2.5 划分。

表 12.2.5 含水层的透水性

类别	特强透水	强透水	中等透水	弱透水	微透水	不透水
k 值(m/d)	$k > 200$	$10 \leqslant k \leqslant 200$	$1 \leqslant k < 10$	$0.010 \leqslant k < 1$	$0.001 \leqslant k < 0.010$	$k < 0.001$

12.2.6 抽水试验的布置应符合下列规定：

1 试验孔宜布置在不同地貌单元、不同含水层(组)，并应距隧道及车站轮廓线外侧不小于 5 m。

2 需人工降低地下水位施工的车站、区间以及评价降水对环境产生影响的区段应布置试验孔。

3 抽水试验的观测孔宜垂直或平行地下水流向。

12.2.7 抽水试验应符合下列规定：

1 抽水试验方法可按表 12.2.7 确定。

2 抽水试验宜 3 次降深，最大降深宜接近工程设计所需的地下水位降深的标高。

3 水位量测应采用同一方法与仪器，读数对抽水孔为厘米，对观测孔为毫米。

4 当涌水量与时间关系曲线和动水位与时间的关系曲线，在一定的范围内波动，而没有持续上升和下降时，可以认为已经稳定，稳定水位延续时间粗砂含水层不少于 8 h，中砂、细砂和粉砂含水层不少于 16 h。

5 抽水试验应同时观测水位和水量，抽水结束后应量测恢复水位。

表 12.2.7 抽水试验方法和应用范围

试验方法	应用范围
钻孔或探井简易抽水	粗略估算弱透水层的渗透系数
不带观测孔抽水	初步测定含水层的渗透性参数
带观测孔抽水	较准确测定含水层的各种参数

12.2.8 注水试验的布置应符合下列规定：

1 试验孔宜布置在不同地貌单元，并应距隧道及车站轮廓线外侧不小于 5 m。

2 需人工降低地下水位施工的车站、区间以及评价降水对环境产生影响的区段应布置试验孔。对已实施抽水试验区段，可不布置注水试验。

12.2.9 注水试验应符合下列要求：

1 试验前应进行地下水位观测。

2 注水试验可在钻孔中进行，一般可选择钻孔内降水头注水试验，当试验水头下降到初始试验水头的 0.3 倍或在半对数坐标纸上连续 10 个以上观测点水头比与时间关系呈直线时，可结束试验。

12.2.10 孔隙水压力的测定应符合下列规定：

1 测定方法按表 12.2.10 选用。

2 测试点位置应根据地质条件和分析需要选定。

3 测压计的安装和埋设应符合有关安装技术规定。

4 测试数据应及时分析整理，出现异常时应分析原因并采取相应措施。

表 12.2.10 孔隙水压力测定方法和适用条件

仪器类型		适用条件	应用范围
测压计式	立管式测压计	渗透系数大于 10^{-4} cm/s 的均匀孔隙含水层	将带有过滤器的测压管打入土层，直接在管内量测
	水压式测压计	渗透系数低的土层，量测由潮汐涨落、挖方引起的压力变化	用装在孔壁的小型测压计探头，地下水压力通过塑料管传导至水银压力计测定

续表12.2.10

仪器类型		适用条件	应用范围
测压计式	电测式测压计(电阻应变式、钢弦应变式)	各种土层	孔压通过透水石传导至膜片,引起挠度变化,诱发电阻片(或钢弦)变化,用接收仪测定
	气动测压计	各种土层	利用两根排气管使压力为常数,传来的孔压在透水元件中的水压阀产生压差测定
孔压静力触探仪		各种土层	在探头上装有多孔透水过滤器、压力传感器,在贯入过程中测定

12.3 地下水评价

12.3.1 岩土工程勘察应根据工程需要,分析评价地下水对建(构)筑物设计与施工的影响,预估可能产生的危害,并提出预防和处理措施的建议。

12.3.2 岩土工程勘察应根据工程需要,评价地基土的透水性,提供地基土的渗透性指标。

12.3.3 评价承压水引发深基坑突涌的可能性时,应提供承压含水层的水头高度,对承压含水层和隔水顶板土层的土性、埋藏深度、厚度、透水性及基坑开挖后坑底以下地基土抗承压水头的稳定性等进行综合分析评价。基坑开挖后,坑内地基土抗承压水头的稳定性应满足下式要求:

$$p_{cz}/p_{wy} \geqslant F_S \qquad (12.3.3)$$

式中:p_{cz} ——坑底开挖面以下至承压含水层顶板间覆盖土的自重压力(kPa),地下水位以下按饱和重度计算;

p_{wy} ——承压水压力(kPa);

F_S ——安全系数,取1.05。

12.3.4 当基坑开挖深度以内有粉性土或砂土存在时，应评价在施工开挖过程中产生流砂的可能性。

12.3.5 对采取降水施工的工程，应分析评价降水对邻近建（构）筑物及地下设施的影响。

12.3.6 对地下结构，应评价不利组合情况下地下水对结构物的上浮作用。

12.3.7 当需要进行工程降水时，应根据含水层渗透性和降深要求，选用适当的降低水位方法。

12.3.8 取水样数量分工点取水，各工点采取水试样数量应满足表 12.3.8 的规定。

表 12.3.8 采取水试验数量一览表

采取水类型	取水数量
地表水	≥2 组
潜水	≥3 组
承压水	≥2 组

12.3.9 地下水和地基土对建筑材料的腐蚀性评价应符合现行上海市工程建设规范《岩土工程勘察规范》DGJ 08—37 及现行行业标准《铁路工程地质勘察规范》TB 10012 中的相关要求。

13　工程地质调绘和周边环境调查

13.1　一般规定

13.1.1　工程地质调绘应符合下列要求：

1　工程地质调绘应充分收集、分析勘察区的各种地质资料，紧密结合工程设置合理、有效布置调绘点，为线路方案比选、建设场地工程地质评价、工程修建对周边环境的影响评价及工程设计提供地质资料。

2　工程地质调绘应在可行性研究勘察与初步勘察阶段进行，详细勘察阶段针对专门地质问题作补充地质调绘。

3　工程地质调绘的成果资料宜包括综合工程地质平面图、工程地质分区图、工程地质剖面图及各种素描图、照片和文字说明(或报告)等。

13.1.2　工程周边环境调查应符合下列要求：

1　工程沿线及周边环境调查应由建设单位作出专项委托。

2　工程周边环境调查一般在可行性研究勘察与初步勘察阶段进行，详细勘察阶段针对新增、存疑的问题作补充调查。

13.2　工程地质调绘

13.2.1　工程地质调绘范围应符合下列要求：

1　地质调绘的范围应满足线路方案的选择，一般线路直线段向两侧不应少于 100 m；车站、弯道段及车辆基地向外侧不应少于 200 m。

2 对工程建设有影响的不良地质、特殊性岩土及周边环境复杂的地段，应扩大工程地质调绘的范围。

3 工程建设可能诱发地质灾害地段，其调绘范围应包含可能的地质灾害发生及影响范围。

4 当地质条件特别复杂或需进行专项研究时，调绘范围应专门研究确定。

13.2.2 工程地质调绘应包括下列内容：

1 搜集已有地质资料，包括查阅各类地质图和工程地质图集、不同时期地形图或河流历史图、地面沉降、临近工程的勘察资料，既有建(构)筑物的使用情况、地质病害、防治措施及效果。

2 调查地形、地貌形态的成因及特征，划分沿线地貌单元。

3 地层层序、成因、时代、厚度、岩土名称等。

4 调查地表水体的水深、淤泥厚度、护岸形式等。

5 地下水各含水层的类型与岩性、水位及变化幅度、水力联系、补给来源与排泄条件以及地基土的渗透性等。

6 冲填土、厚填土、暗浜等的分布范围、深度、回填年代、回填方法以及物质来源等。

7 浅层气的性质、范围、分布规律。

8 天然和人工边坡、岸坡的形式、坡率、防护措施和稳定情况。

9 调查堆土或其他堆载的分布，临近工程建设情况。

10 调查沿线及附近是否存在污染源与污染土以及污染类型、特征与分布情况。

13.2.3 工程地质调绘图件填绘应符合下列要求：

1 地质界线、地质观测点测绘在图上的位置误差不应大于 3 mm。

2 地质单元体在图上的宽度大于或等于 3 mm 时，均应在图上标示。有特殊意义或对工程有重要影响的地质单元体，在图面上宽度小于 3 mm 时，应采用扩大比例尺的方法标示并加以注明。

3 必要时绘制全线工程地质图，比例尺为 1：10 000～1：200 000，应充分利用区域地质图等既有资料编制，对控制线路方案的主要不良地质及特殊岩土应进行现场核对。

4 详细工程地质图比例尺为 1：1 000～1：2 000，工点工程地质图比例尺为 1：500～1：1 000；对重点工程的地质点及地质界线，应用仪器或其他实测方法测绘。

5 工程地质断面图的内容应充分反映与工程有关的主要地质条件，对工程设计有影响的地质界线应有地质点作依据，地质条件控制线路方案的地段应实测工程地质断面图。

13.3 周边环境调查

13.3.1 工程周边环境调查的对象为市域铁路工程沿线及周边，对工程存在相互影响的建(构)筑物、地下构筑物、轨道交通、市政道路及公路、文物建筑、水工构筑物、地下管线、架空线缆等。

13.3.2 调查内容主要包括权属单位、使用单位、管理单位、使用性质、建设年代、设计使用年限、地质资料、设计文件、变形要求、与工程的空间关系、相关影像资料等。

13.3.3 调查手段主要为收集资料、实地调查与测量，必要时，进行钻探、物探、挖探等。

13.3.4 建(构)筑物应重点调查平面图、上部结构形式、地基基础形式与埋深、持力层性质、基坑支护、桩基或地基处理设计、施工参数、建(构)筑物的沉降观测资料等。

13.3.5 地下构筑物应重点调查平面图、结构形式、顶板和底板标高、施工方法以及使用、充水情况等。

13.3.6 既有轨道交通应重点调查下列内容：

1 地面线路调查应包括路基的类型、结构形式、道床类型、涵洞与支挡结构形式以及地基基础形式与埋深、地基土处理类型和处置深度等。

2 高架线路调查应包括桥梁的结构形式、墩台跨度与荷载、基础桩桩位、桩长、桩径等。

3 地下线调查应包括地下结构的平面图、剖面图、基础类型、埋深、断面形式与尺寸、支护形式与参数、施工方法等。

13.3.7 市政道路及公路调查应包括下列内容：

1 路基调查应包括道路等级、路面材料、路面宽度、路堤高度、支挡结构形式、地基与基础型式及埋深。

2 桥涵调查应包括的桥涵类型、结构形式、基础形式、跨度以及桩基或地基加固设计、施工参数等。

3 地下道路调查应包括地下结构的平面图、剖面图、基础类型、埋深、断面形式与尺寸、支护形式与参数、施工方法等。

13.3.8 文物建筑应重点调查文物建筑的平面位置、名称、保护等级、结构形式、地基基础形式与埋深等。

13.3.9 水工构筑物应重点调查构筑物的类型、结构形式、地基基础形式与埋深、使用现状等。

13.3.10 地下管线应重点调查管线的类型、平面位置、埋深(或高程)、铺设方式、材质、管径、管节长度、接口形式、介质类型、工作压力及节门位置等。

13.3.11 架空线缆应重点调查架空线缆的类型、走廊宽度、线塔地基基础形式与埋深、线缆与市域铁路交会点坐标、悬高等。

14 勘探与取样

14.1 一般规定

14.1.1 勘探方法的选择应根据地层条件、勘探深度、取样方法、原位测试及场地现状确定。

14.1.2 勘探应分层准确，不得遗漏对工程有影响的夹层。

14.1.3 岩土试样的采取方法应结合地层条件、岩土试验技术要求确定。

14.1.4 勘探作业应考虑对工程及环境的影响，防止对地下管线、地下构筑物和环境的破坏，并采取有效措施，确保勘探施工安全。

14.1.5 勘探完成后应及时回填，避免对工程施工造成危害，并应记录回填方法、材料。

14.2 勘探点的定位与测量

14.2.1 应根据场地实际条件选择适宜的测量仪器和方法进行勘探点的定位，并应符合下列规定：

1 勘探点测量应采用与设计相符的高程、坐标系统，引测基准点应满足其精度要求。

2 勘探孔的定位、测量宜采用卫星定位，定位、测量时应与自建基站或上海市专用基站进行实时联网校正。

14.2.2 勘探点位置实地确定后，应有明显的标识，并保证标识点的牢固。

14.2.3 初步勘察阶段平面位置允许偏差：陆域$^{+0.5\ m}_{0}$，水域$^{+2.0\ m}_{0}$；详细勘察阶段平面位置允许偏差：陆域$^{+0.25\ m}_{0}$，水域$^{+1.0\ m}_{0}$。

14.2.4 勘探点的孔口标高测量应进行引测线路的闭合计算，闭合差应满足 $\pm 40\sqrt{L}$ mm 要求（L 为测量线路总长度，单位为 km）。在利用 RTK 系统进行勘探点孔口标高测量时，宜采用高程控制网成果对其进行校核。

14.2.5 水域勘探孔的孔口标高测量，应根据同步水面高程、水深、验潮资料确定，测量允许误差应小于±5 cm。水位变化大时，孔口标高应由多次同步水深测量确定，并用下入水中套管的长度作校核。

14.2.6 勘探完成后，应对勘探孔坐标、高程进行复测。

14.3 钻 探

14.3.1 钻探工艺可根据土层性质和勘探要求选用，宜采用岩芯管全断面取芯钻进。

14.3.2 浅层勘探宜采用小口径螺纹提土器钻进。当小螺纹钻无法实施时，应结合钻探、挖探、物探、静探、调绘等手段查明厚填土分布情况。

14.3.3 成孔口径应满足取样、土工试验、原位测试、水文地质试验和钻进工艺的要求。

14.3.4 钻探应符合下列规定：

1 钻进深度、岩土分层深度允许误差为±5 cm，地下水位量测允许误差为±2 cm。

2 钻探的回次进尺，应在保证获得准确地质资料的前提下，根据地层条件和岩芯管长度确定。钻进时回次进尺不宜超过 2.0 m。在砂土等取芯困难地层中钻进时，应控制回次进尺或回次时间，以确保分层与描述的要求。

3 工程地质钻探的岩芯采取率应符合表 14.3.4 的规定。

表 14.3.4 工程地质钻探岩芯采取率

土层	岩芯采取率
黏性土	≥90%
粉土、砂土	≥80%

4 钻探孔深偏差不应大于±2‰；当大于此数时，应查明原因，及时消除，将偏差值按比例分配至钻程内各岩层厚度值中。

5 钻探时，应观察孔中有无气泡。发现孔内冒气应详细观测和记录；必要时，宜进行专项勘察。含可燃、可爆气体地层钻进时，严禁明火与孔口接触。

14.3.5 岩芯整理宜符合下列规定：

1 采取的岩芯应按上下顺序装箱摆放，填写回次标签；在同一回次内采得两种不同岩芯时，应注明变层深度。

2 当发现夹层时，应加填标签注明起止深度，放在岩芯相应位置。

3 对重要的钻孔，应装箱妥善保存岩芯、土样，分箱拍摄彩色照片。

14.3.6 钻探记录和编录应符合下列规定：

1 钻探野外记录应由具有专业上岗证的人员担任，记录应认真、及时、详细、真实、按回次逐次记录，不得将若干回次合并记录，严禁事后追记。

2 钻探现场岩芯鉴别应采用肉眼鉴别和手触方法，对土层名称、颜色、状态、包含物、层理结构等土性特征进行详细描述。

3 钻探记录应包括回次进尺和深度、钻进情况、孔内情况、钻进参数、地下水位、岩芯记录、孔内事故等内容。

14.3.7 钻探的工艺、方法、质量要求及安全规定除应符合本节规定外，尚应符合现行行业标准《铁路工程地质钻探规程》TB 10014 的规定。

14.4 取 样

14.4.1 采取土试样所使用的取土器及取土方法，应根据土层特点和工程所需试样的质量等级确定。对软土及软塑状态的黏性土，宜采用薄壁取土器压入法采取土样；对砂质粉土和砂土，宜采用环刀取土器。

14.4.2 根据土试样被扰动程度，土样质量可分为 4 个等级，各等级土样可供土工试验项目见表 14.4.2。

表 14.4.2 土试样质量等级

质量级别	扰动程度	可供试验项目
Ⅰ级	不扰动	土类定名、含水率、密度、强度参数、变形参数等
Ⅱ级	轻微扰动	土类定名、含水率、密度
Ⅲ级	显著扰动	土类定名、含水率
Ⅳ级	完全扰动	土类定名

注：因无法取得Ⅰ级土样而必须使用Ⅱ级土样进行强度试验、渗透试验及固结试验时，应结合地区经验慎重使用试验成果。

14.4.3 在钻孔中采取Ⅰ、Ⅱ级土试样时，应满足下列条件：

1 用泥浆钻进时，应始终保持孔内泥浆液面稍高于地下水位；采用套管钻进时，保持管内水位等于或稍高于地下水位，取样位置应低于套管底 3 倍孔径的距离。

2 采用回转方法钻进时，至取土位置前必须减速钻进，以减少孔底土受到影响。

3 下放取土器具前应仔细清孔，孔底残留浮土厚度应小于 5 cm；取样时应缓慢放下取土器，严禁冲击孔底，进入取土器的土样长度不得超过取土器(包括上端废土段)总长度。

4 采取土试样宜用快速静力连续压入法。在硬塑和坚硬的黏性土、中密～密实砂土层压入困难时，可采用重锤少击法或孔底锤击法。

5 取样长度不宜小于 20 cm。

14.4.4 Ⅰ、Ⅱ、Ⅲ级土试样应妥善密封，防止湿度变化，严防曝晒或冰冻，保存时间不宜超过 10 d。在运输中应避免振动，对易于振动液化和水分离析的土试样宜就近进行试验。

14.5 物 探

14.5.1 物探手段的采用应根据勘察目的、地质条件综合确定。

14.5.2 波速测试可按下列规定执行：

1 钻孔波速适用于下列测试目的：

1) 确定场地类别、判断场地地震液化的可能性，提供地震反应分析所需的场地土动力参数。

2) 判定填土的密实度，评价地基加固处理效果。

2 单孔法波速测试的技术要求应符合下列规定：

1) 测试孔应垂直。

2) 将三分量检波器固定在孔内预定深度处，并紧贴孔壁。

3) 可采用地面激振或孔内激振。

4) 应结合土层布置测点，测点的垂直间距宜取 1 m～3 m，层位变化处加密，并宜自下而上逐点测试。

3 跨孔法波速测试的技术要求应符合下列规定：

1) 应设置 2 个或 3 个试验孔，且成一条直线，在覆盖层地段孔距宜为 2 m～5 m。

2) 试验孔应圆直，并应下定向套管，套管与孔壁间应灌浆和填砂。

3) 当测试深度大于 15 m 时，应进行激振孔和测试孔倾斜度和倾斜方位的量测，测点间距宜取 1 m，测得每一试验深度的倾斜角与方位。

4) 竖向测试点间距宜为 1 m～2 m，三分量传感器应紧贴孔壁，同一深度的剪切波，锤击应正反向重复激振，并应互换激振孔与接收孔，经重复试验，确定剪切波的初至时间。

4 面波法波速测试可采用瞬态法或稳态法，宜采用低频检波器，道间距可根据场地条件通过试验确定。

5 波速测试成果资料整理宜包括下列内容：

1）在波形记录上识别压缩波和第一个剪切波的初至时间。

2）根据压缩波和剪切波传播时间和距离，确定压缩波与剪切波的波速。

3）确定地层小应变的动剪切模量、动弹性模量、动泊松比和动刚度。

4）稳态面波法尚应提供波长、波速。

14.5.3 地温测试可按下列规定执行。

1 地温测试可采用钻孔法、贯入法、埋设温度传感器法，地温的长期观测宜采用埋设温度传感器法。

2 温度传感器的测量范围宜为－20 ℃～100 ℃，测量误差不宜大于±0.5 ℃，温度传感器和读数仪使用前应进行校验。

3 地下车站均宜进行地温测试，测试深度宜不小于结构底板埋深；发现有热源影响区域、采用冻结法施工或设计有特殊要求的部位应布置测试点。

4 钻孔法试验应满足下列要求：

1）在钻孔中进行瞬态测温时，地下水位静止时间不宜小于 24 h，稳态测温时，地下水位静止时间不宜小于 5 d。

2）重复测量应在观测后 8 h 内进行，其两次测量误差不超过 0.5 ℃。

5 贯入法试验时，温度传感器插入钻孔底的深度不应小于钻孔或套管直径的 3 倍～5 倍；插入至试验深度后，至少应静止 5 min～10 min，方可开始观测。

6 地温长期观测周期应根据气温变化确定。

7 测试成果资料整理应符合以下要求：

1）地温测试前应记录测试点气温、天气、日期、时间以及光线遮挡情况，钻孔法应记录地下稳定水位。

2）绘制地温随深度变化曲线图，对照不同深度土性、孔隙比、含水率、饱和度及热物理指标变化情况，一年期测试结果宜绘制不同深度温度随时间变化曲线图。

3）不同气温条件下地层测温结果对比，推算地层稳态温度。

14.5.4 大地导电率测试可按下列规定执行：

1 测试目的主要用于电气化线路和铁路通讯的抗干扰设计。

2 宜采用电测深法温纳测深装置进行测量。

3 测试要求：

1）测点应布置在距离线路中心线 100 m 范围内，地形条件限制时，不宜超过 300 m，并与线路对应位置处于同一地层中。

2）最大 $AB/2$ 应达到 50 Hz 电流的影响深度，并大于电测深曲线与解释曲线交点所对应的装置长度。

3）依据探测要求和现场地形条件可只测与解释曲线交点附近 3 个～4 个电极距的视电阻率值。

4）一般在车站布置测点，当多个车站距离较近且地质条件相近时，可综合布置；相邻测点采用 800 Hz 和 500 Hz 的交流电测得的大地导电率值相差大于 3 倍时，应加密测点。

5）大地电导率成果可用图示或数值表示，并应注明测点地名、里程位置及测区的地层。

14.5.5 土壤电阻率测试可按下列规定执行：

1 主要用于各种电气设备的接地设计、判别土对钢结构的腐蚀性。

2 土壤电阻率测试宜采用电测井或电测深法测量。

3 测试要求：

1）每个车站、车辆基地、变电站所均应布置土壤电阻率测试。

2）电测井测试：三侧向电流测井应保证地面电极接地良好、供电稳定，记录电流曲线时应检查并确定增量方向；地面电极设置在远离高压线和无工业游散电流干扰的地点，采用两极装置时地面电极间距大于50倍井下电极距；曲线出现负值或在金属套管中不归零时，应查明原因、消除故障后重新测量；测速宜小于10 m/min，直读电阻率的测量相对误差为±4%；厚层岩土层取中段电阻率值。

3）电测深测试：数据采集宜在连续三日晴天后进行；测网应覆盖测试场地，测点分布均匀；最大电极距应满足探测深度要求；地表条件限制时，可利用钻孔进行测量；钻孔的数量和平面位置应与地面测量一致，孔径不小于91 cm，并充满井液。

14.5.6 除符合本节规定外，地面物探测试尚应遵照现行行业标准《铁路工程物理勘探规范》TB 10013的规定。

15 原位测试

15.1 一般规定

15.1.1 原位测试方法可根据工程性质、岩土条件、设计对参数的要求、地区经验和测试方法的适用性等因素确定。

15.1.2 原位测试操作应遵照国家、行业或上海市相关技术标准、测试规程执行。

15.1.3 原位测试的仪器、设备应定期校准、标定。

15.1.4 原位测试资料整理时，应注意仪器设备、试验条件及方法等对试验结果的影响，并结合地层条件，剔除异常数据。

15.1.5 原位测试成果应结合钻探、室内土工试验成果及工程经验进行综合分析，为设计、施工提供准确、合理的土性参数。

15.2 静力触探试验

15.2.1 静力触探试验适用于黏性土、粉性土和砂土。

15.2.2 静力触探探头可根据工程所需测定的参数确定，可采用单桥探头、双桥探头和多功能探头。

15.2.3 静力触探试验可用于下列目的：

1 查明土性变化，划分土层。

2 估算土的力学参数。

3 估算地基土承载力。

4 判别场地地基液化。

5 选择桩基持力层，判别沉桩可行性，估算单桩承载力。

6 检验地基加固效果。

15.2.4 静力触探设备和贯入能力应满足测试深度的要求,设备压力必须大于贯入阻力。

15.2.5 静力触探试验技术要求应符合下列规定:

1 探头圆锥锥底截面积可采用 10 cm^2 或 15 cm^2,单桥探头侧壁高度应分别采用 57 mm 或 70 mm,锥尖锥角应为 60°。

2 探头测力传感器应连同仪器、电缆进行定期标定(补充频率),室内探头标定测力传感器的系统性误差(非线性误差、重复性误差、滞后误差)、温度漂移、归零误差均应小于 1%FS。

3 贯入速率宜为(1.2±0.3)m/min,现场归零误差不应超过 3%FS,深度记录误差不应超过 ±1%、绝缘电阻不应小于 500 MΩ。

4 贯入深度超过 30 m 或穿过厚层软土后再贯入硬土时,应采用导向护管或配置带测斜功能的探头;当采用测斜探头时,应量测探头倾斜角,校正土层分层界线。

5 孔压探头在贯入前,应在室内采用真空抽吸法饱和探头,并在现场保持探头的饱和状态,直至探头进入地下水位以下的土层为止。当在预定深度进行孔压消散试验时,应量测停止贯入后不同时间的孔压值,其计时间间隔应由密而疏;试验过程中不得上拔探头或松动探杆。

6 水域进行静力触探试验时,应有保证孔位不致发生移动的稳定措施,可采用筏式或下沉式支承平台,确保稳定贯入。水底以上部位应加设防止探杆挠曲的装置。

15.2.6 静力触探试验的成果应包括下列内容:

1 绘制单孔静力触探试验曲线:单桥探头应绘制比贯入阻力 $p_s \sim h$ 曲线,双桥探头应绘制锥尖阻力 $q_c \sim h$ 曲线、侧摩阻力 $f_s \sim h$ 曲线、摩阻比 $R_f \sim h$ 曲线,孔压探头尚应绘制孔隙水压力 $u_i \sim h$ 曲线、孔压消散 $u_t \sim \lg t$ 曲线,测斜探头应绘制倾斜度 $\theta \sim h$ 曲线。

2 可根据试验资料划分地层，绘制单孔柱状图、地层剖面图，并提供分层的比贯入阻力或锥尖阻力等参数。

15.2.7 根据静力触探成果可按表15.2.7判定砂质粉土和砂土的密实度。

表15.2.7 静力触探试验判定砂质粉土和砂土的密实度

单桥静力触探 p_s 值(MPa)	密实度
$p_s < 2.6$	松散
$2.6 \leqslant p_s < 5$	稍密
$5 \leqslant p_s < 10$	中密
$p_s \geqslant 10$	密实

15.2.8 根据孔压静力触探试验的孔压消散资料，可用式(15.2.8)估算土的固结系数 c_v 值：

$$c_v = (T_{50}/t_{50}) r_0^2 \tag{15.2.8}$$

式中：T_{50} ——相当于50%固结度的时间因数（当滤水器位于探头锥面时，T_{50} 可取为6.87；当滤水器位于探头锥面时，T_{50} 可取为1.64）；

t_{50} ——超孔隙水压力消散达50%时的历时(min)；

r_0 ——孔压探头的半径(cm)。

15.3 标准贯入试验

15.3.1 标准贯入试验适用于砂土、粉性土和一般黏性土。

15.3.2 标准贯入试验可用于下列目的：

1 采取扰动土样，确定土名。

2 判定砂土和砂质粉土的密实度。

3 估算砂土和砂质粉土的内摩擦角和压缩模量。

4 判别沉桩可行性。

5 判别场地地基液化。

6 检验地基加固效果。

7 估算地基承载力。

15.3.3 标准贯入试验技术要求应符合下列规定：

1 采用自动落锤装置，锤重(63.5±0.5)kg，落距(76±2)cm。

2 贯入器刃口应保持完好。

3 锤击时，探杆应扶正，保持贯入器、探杆、导向杆连接后的垂直度，避免倾斜、侧向晃动及锤击偏心，锤击速率应小于30击/min。

4 试验时，应保持孔内水位略高于地下水位，并应采用泥浆护壁。当钻至试验深度以上15 cm处时，应先清除孔底残土后再进行试验。

5 试验时应先预打15 cm，再开始记录每打入10 cm的锤击数，累计打入30 cm的锤击数即为实测标贯击数 N 值。当锤击数已达50击，而贯入深度未达30 cm时，可停止试验，并记录50击的实际贯入深度，按式(15.3.3)换算成相当于贯入30 cm的锤击数 N。

$$N = 30 \times 50 / \Delta s \tag{15.3.3}$$

式中：N ——实测标贯击数；

Δs ——50击时的贯入深度(cm)。

15.3.4 标准贯入试验成果分析应包括下列内容：

1 绘制单孔实测标贯击数 N 与深度关系曲线。

2 剔除异常值后，分层统计标贯击数。

3 根据标准贯入试验 N 值，可按表15.3.4判定砂土的密实度。

表 15.3.4　标准贯入试验判定砂土的密实度

标准贯入试验 N 值(击)	密实度
$N \leqslant 7$	松散
$7 < N \leqslant 15$	稍密
$15 < N \leqslant 30$	中密
$N > 30$	密实

15.4　圆锥动力触探试验

15.4.1　圆锥动力触探试验的类型可分为轻型、重型和超重型三种，其中规格和适用土类应符合表 15.4.1 的规定。

表 15.4.1　圆锥动力触探类型

类型		轻型	重型	超重型
落锤	锤的质量(kg)	10	63.5	120
	落距(cm)	50	76	100
探头	直径(mm)	40	74	74
	锥角(°)	60	60	60
探杆直径(mm)		25	42	50～60
指标		贯入 30 cm 的读数 N_{10}	贯入 10 cm 的读数 $N_{63.5}$	贯入 10 cm 的读数 N_{120}
主要适用岩土		浅部的素填土、冲填土、砂土、粉土、黏性土	砂土、中密以下的碎石土	密实和很密的碎石土

15.4.2　圆锥动力触探试验的目的如下：

1　轻型动力触探试验可用于下列目的：

1）评价填土均匀性，确定填土承载力。

2）检验地基加固效果。

3）基槽检验。

2 重型动力触探试验和超重型动力触探试验可用于下列目的：

1）评价土的均匀性和物理性质（状态、密实度）。

2）评定土的强度、变形参数。

3）估算土的地基承载力、单桩承载力。

4）检验地基加固效果。

15.4.3 圆锥动力触探试验技术要求应符合下列规定：

1 轻型动力触探试验深度不宜大于 4 m。

2 采用自动落锤装置。

3 锤击时，触探杆最大偏斜度不应超过 2%，同时防止锤击偏心、探杆倾斜和侧向晃动，保持探杆垂直度；锤击速率每分钟宜为 15 击～30 击。

4 锤击贯入应连续进行，每贯入 1 m，宜将探杆转动一圈半。

5 对轻型动力触探，当 $N_{10}>100$ 击或贯入 15 cm 锤击数超过 50 击时，可停止试验；对重型动力触探，当连续 3 次 $N_{63.5}>50$ 击时，可停止试验或改用超重型动力触探试验。

15.4.4 圆锥动力触探试验成果分析应包括下列内容：

1 单孔连续圆锥动力触探试验应绘制锤击数与贯入深度关系曲线。

2 计算单孔分层贯入指标平均值时，应剔除临界深度以内的数值、超前或滞后影响范围内的异常值。

3 根据各孔分层的贯入指标平均值，用厚度加权平均法计算场地分层贯入指标平均值和变异系数。

15.5 十字板剪切试验

15.5.1 十字板剪切试验适用于饱和软黏性土，上海地区宜采用电测十字板试验。

15.5.2 十字板剪切试验可用于下列目的：

1 测定原位应力条件下软黏性土的不排水抗剪强度。

2 计算软黏土的灵敏度。

3 估算地基承载力，判定软黏性土的固结历史，验算饱和软黏性土边坡的稳定性。

4 检验软土地基加固效果。

5 估算单桩承载力。

15.5.3 十字板剪切试验应符合下列要求：

1 十字板头可采用 50 mm×100 mm（板厚 2 mm）或 75 mm×150 mm（板厚 3 mm），径高比为 1∶2。

2 十字板头插入至试验深度后，应静止 2 min～3 min 方可开始试验。

3 剪切试验的扭转剪切速率宜为（1°～2°）/10 s，每转 1°测记量表读数 1 次，读到峰值或稳定值后再继续测读 1 min。

4 对各向同性的均质土层，试验点的间距宜为 1 m～2 m；对非均质土层，可根据静力触探资料确定试验点间距。

5 应在峰值或稳定值出现后，顺剪切扭转方向连续转动 6 圈后测定重塑土的不排水抗剪强度。

6 试验量测精度应达到 1 kPa～2 kPa。

15.5.4 十字板剪切试验成果整理与分析宜包括下列内容：

1 计算各试验点土的不排水剪峰值强度、重塑土强度和灵敏度。

2 绘制单孔土的不排水抗剪峰值强度、重塑土强度和灵敏度随深度的变化曲线。

15.5.5 根据原状土的不排水抗剪强度 c_u 和重塑土的不排水抗剪强度 c'_u，按式（15.5.5）计算土的灵敏度 S_t：

$$S_t = c_u / c'_u \qquad (15.5.5)$$

黏性土灵敏度按表 15.5.5 分类。

表 15.5.5 黏性土灵敏度分类

低灵敏度	中灵敏度	高灵敏度
$S_t < 2$	$2 \leqslant S_t < 4$	$S_t \geqslant 4$

15.6 载荷试验

15.6.1 载荷试验包括平板载荷试验和螺旋板载荷试验，平板载荷试验适用于浅层地基土，螺旋板载荷试验适用于深层地基土。

15.6.2 载荷试验可用于下列目的：

1 确定地基土承载力。

2 估算土的变形模量。

3 估算土的不排水抗剪强度。

4 估算土的基床系数。

5 估算土的固结系数。

15.6.3 平板载荷试验应符合下列要求：

1 承压板应有足够的刚性，面积不宜小于 0.5 m^2。

2 在试坑坑底进行，试坑直径(或宽度)不宜小于承压板直径(或宽度)的 3 倍。

3 应缩短试坑开挖与试验的时间间隔，坑底开挖和层面整平时应减小对试验土层的扰动，保持其原状结构和天然湿度，承压板与试验土层层面间宜水平铺设 1 cm 厚的颗粒均匀的干净细砂。

4 试验深度低于地下水位时，试坑开挖和设备安装过程中，应设法将地下水位降至试验土层层面以下。

15.6.4 螺旋板载荷试验应符合下列要求：

1 刚性承压板面积宜为 200 cm^2～500 cm^2。

2 试验时，保持螺旋板头垂直下旋，每旋转 1 周，板头下旋 1 个螺距；板头旋至试验深度后，静止 5 min 以上。

15.6.5 载荷试验尚应符合下列要求：

1 载荷试验的加荷等级数不宜少于 10 级～12 级；沉降稳定标准为连续 2 h 沉降量每小时不超过 0.1 mm，或连续 1 h 沉降量每 30 min 不超过 0.05 mm。

2 回弹卸载量可为加载量的 2 倍进行等量逐级卸载。当荷载全部卸完后，应观测至回弹量趋于稳定为止。

3 承压板沉降量的量测器具应具有足够的量程，且量测精度应达到 0.01 mm。

4 当出现下列情况之一的，可终止试验：

1) 沉降量急剧增大，本级荷载的沉降量为前一级荷载沉降量的 5 倍，荷载与沉降曲线出现明显陡降。

2) 总沉降量大于 1/10 承压板直径（或宽度），或承压板周围出现显著裂缝、隆起。

3) 荷载不变，24 h 内沉降随时间等速或加速发展，同时总沉降量达到承压板直径（或宽度）的 7%以上。

4) 实际施加的荷载达到试验设计荷载的 2.0 倍以上。

5 加荷方法可采用分级维持荷载沉降相对稳定法（常规慢速法）、沉降非稳定法（快速法）或等沉降速率法。

15.6.6 载荷试验的成果整理与分析应包括以下内容：

1 对荷载试验的原始数据进行检查、校核，绘制 $p \sim s$、$\lg p \sim \lg s$、$p \sim \Delta p/\Delta s$、$s \sim \lg t$ 等关系曲线。

2 当关系曲线有明显特征点时，可根据此确定地基承载力特征值和地基极限承载力；当关系曲线上的特征点不明显时，可按相对沉降 s/B（B 为板的宽度或直径）为 0.07 确定地基极限承载力。

15.6.7 根据平板载荷试验 $p \sim s$ 曲线上直线段斜率（$\Delta p/\Delta s$），可按式（15.6.7）估算地基土的变形模量：

$$E_0 = (\pi B/4)(1 - \mu^2)\Delta p/\Delta s \tag{15.6.7}$$

式中：E_0——变形模量(kPa)；

B——承压板直径或方形板的等代直径(m)；

μ——土的泊松比(淤泥质土和软塑～流塑的黏性土，μ 取 0.41；可塑～硬塑黏性土，μ 取 0.38；粉性土、砂土，μ 取 0.33)；

Δp——平板载荷试验 $p \sim s$ 曲线直线段压力差值(kPa)；

Δs——平板载荷试验 $p \sim s$ 曲线直线段沉降差值(m)。

15.6.8 根据快速法载荷试验的极限压力 p_u，可按式(15.6.8)估算土的不排水抗剪强度：

$$c_u = (p_u - p_{cz})/N_c \tag{15.6.8}$$

式中：c_u——土的不排水抗剪强度(kPa)；

p_u——快速荷载试验所得的极限压力(kPa)；

p_{cz}——螺旋板载荷试验深度处土的自重压力(kPa)；

N_c——承载系数(对圆形承压板，无周边超载时，$N_c = 6.14$；当承压板埋深 D 大于等于 4 倍压板直径 B 时，$N_c = 9.40$；当承压板埋深小于 4 倍压板直径时，N_c 由表 10.6.8 内插确定)。

表 15.6.8　N_c 值

D/B	0	1	1.5	2.0	2.5	3.0	3.5	4.0
N_c	6.14	8.07	8.56	8.86	9.07	9.21	9.32	9.40

15.6.9 根据平板载荷试验 $p \sim s$ 曲线资料，可估算基床反力系数。

1 根据 $p \sim s$ 曲线上直线段斜率，可按式(15.6.9-1)估算载荷试验基床反力系数：

$$K_v = p/s \tag{15.6.9-1}$$

式中：K_v——载荷试验基床反力系数(kN/m^3)；

p/s——$p \sim s$ 曲线上直线段斜率。如 $p \sim s$ 曲线上无直线

段，p 值可取极限荷载之半，s 取相应于该 p 值的沉降值。

2 当平板载荷试验未采用 0.305 m×0.305 m 承压板时，可按式(15.6.9-2)和式(15.6.9-3)估算标准基床反力系数：

对黏性土：$$K_{v1}=(B/0.305)K_v \tag{15.6.9-2}$$

对粉性土、砂土：$$K_{v1}=[4B^2/(B+0.305)^2]K_v \tag{15.6.9-3}$$

式中：K_{v1} ——标准基床反力系数(kN/m^3)；

B ——承压板的直径或宽度(m)。

3 根据标准基床反力系数，可按式(15.6.9-4)和式(15.6.9-5)估算地基土的基床反力系数：

对黏性土：$$K_s=K_{v1}(0.305/b_f) \tag{15.6.9-4}$$

对粉性土、砂土：$$K_s=K_{v1}\left(\frac{b_f+0.305}{2b_f}\right)^2 \tag{15.6.9-5}$$

式中：K_s ——地基土的基床反力系数(kN/m^3)；

b_f ——基础宽度(m)。

15.6.10 根据螺旋板载荷试验一定荷载下等时间间隔的沉降值，可按式(15.6.10)估算土的固结系数：

$$c_v=(5/12)R^2(-\ln\beta/\Delta t) \tag{15.6.10}$$

式中：c_v ——土的固结系数(cm^2/min)；

R ——螺旋板半径(m)；

β ——$s_{i-1}\sim s_i$ 关系图直线段的斜率，s_{i-1}、s_i 分别对应时间 t_{i-1}、t_i 时的沉降；

Δt ——等时间间隔(min)。

15.6.11 根据螺旋板载荷试验等沉降速率法所得的 $p\sim s$ 曲线上初始直线段的斜率，可按式(15.6.11)估算土的不排水模量：

$$E_u=(0.59\sim 0.75)(\Delta p/\Delta s)R \tag{15.6.11}$$

式中：E_u——土的不排水模量(MPa)；

$\Delta p/\Delta s$——$p \sim s$ 曲线上初始直线段的斜率(MPa/mm)；

R——螺旋板的半径(mm)。

15.7 扁铲侧胀试验

15.7.1 扁铲侧胀试验适用于黏性土、粉性土和松散～中密的砂土。

15.7.2 扁铲侧胀试验可用于下列目的：

1 划分土层、判别土类。

2 估算静止侧压力系数、水平基床系数。

3 估算黏性土的不排水抗剪强度。

4 估算土的压缩模量。

5 判别地基土的液化。

15.7.3 扁铲侧胀试验技术要求应符合下列规定：

1 探头在每个孔的试验前后必须率定，膜片合格的率定值一般为 ΔA =5 kPa～25 kPa、ΔB =10 kPa～110 kPa，取试验前后的平均值作为修正值。

2 宜采用静力匀速将探头压入土中，贯入速率宜为 2 cm/s，试验间距一般可取 20 cm～40 cm；当判别液化时，试验间距宜为 20 cm。

3 到达测试点后应在 5s 内开始匀速加压及泄压试验，测读膜片中心外扩 0.05 mm、1.10 mm 时的压力 A 和 B 值，每个间隔时间宜为 15s；也可根据需要测读膜片中心外扩后回复到 0.05 mm时的压力 C 值，砂土中需 30 s～60 s、黏性土中需 2 min～3 min 完成；A 和 B 的值必须满足 $B - A > \Delta A + \Delta B$。

4 消散试验在需测试的深度测读 A 或 C 随时间的变化。测读时间可取 1 min、2 min、4 min、8 min、15 min、30 min、60 min、90 min，以后每 60 min 测读 1 次，直至消散达 50%以上。

15.7.4 扁铲侧胀试验成果分析应包括下列内容：

1 经膜片刚度对压力影响的修正后，计算膜片中心外移 0 mm 时初始压力 p_0、外移 1.1 mm 时压力 p_1 和膜片中心回复到初始外移 0.05 mm 时的剩余压力 p_2：

$$p_0 = 1.05(A - Z_m + \Delta A) - 0.05(B - Z_m - \Delta B) \quad (15.7.4\text{-}1)$$

$$p_1 = B - Z_m - \Delta B \quad (15.7.4\text{-}2)$$

$$p_2 = C - Z_m + \Delta A \quad (15.7.4\text{-}3)$$

式中：Z_m ——未加压时仪表的压力初读数(kPa)。

2 根据 p_0、p_1、p_2 计算下列扁铲指数：

$$I_D = (p_1 - p_0)/(p_0 - u_0) \quad (15.7.4\text{-}4)$$

$$K_D = (p_0 - u_0)/\sigma'_{v0} \quad (15.7.4\text{-}5)$$

$$E_D = 34.7(p_1 - p_0) \quad (15.7.4\text{-}6)$$

$$U_D = (p_2 - u_0)/(p_0 - u_0) \quad (15.7.4\text{-}7)$$

式中：I_D ——土类指数；

K_D ——水平应力指数；

E_D ——扁铲模量(kPa)；

U_D ——孔压指数；

u_0 ——静水压力(kPa)；

σ'_{v0} ——试验点有效上覆压力(kPa)。

3 根据需要绘制 p_0、p_1、p_2、Δp、I_D、K_D、E_D 和 U_D 与深度关系曲线(其中 $\Delta p = p_1 - p_2$)。

15.8 旁压试验

15.8.1 旁压试验包括预钻式旁压试验、自钻式旁压试验和压入式旁压试验。旁压试验适用于黏性土、粉性土和砂土等。

15.8.2 旁压试验可用于下列目的：

1 确定土的临塑压力和极限压力，估算地基土的承载力。

2 自钻式旁压试验可确定土的原位水平应力（或静止侧压力系数 K_0）。

3 估算土的旁压模量 E_m、旁压剪切模量 G_m 及侧向基床反力系数 K_m。

4 估算软黏性土的不排水抗剪强度和砂土的内摩擦角。

15.8.3 旁压试验应符合下列要求：

1 旁压试验点宜选择有代表性的位置和深度进行，旁压器的量测腔应在同一土层内；试验点垂直间距不宜小于 1 m。

2 预钻式旁压试验应用泥浆护壁，防止孔壁坍塌，钻孔直径应与旁压器直径相匹配。在饱和软黏性土层中宜采用自钻式旁压仪，试验前宜通过试钻确定最佳回转速率、冲洗液流量、切削器的距离等技术参数。

3 每级加荷量可采用预期极限压力的 1/8～1/12，加荷级差在初始阶段宜适当加密，并用卸荷再加荷方法确定再加荷旁压模量。

4 根据不同的试验目的，旁压试验加荷方式可采用快速法和慢速法。

5 当土体破坏或量测腔的扩张体积相当于量测腔的固有体积时，可终止试验。

15.8.4 旁压试验成果整理及分析应包括下列内容：

1 对各级压力及相应的体积增量分别进行约束力及体积修正，绘制压力与体积曲线，需要时可作蠕变曲线。

2 根据压力与体积曲线，综合确定初始压力 p_0、临塑压力 p_y 和极限压力 p_L。

3 根据压力与体积曲线的直线段斜率用式（15.8.4-1）和式(15.8.4-2)计算旁压模量 E_m 和剪切模量 G_m：

$$E_m = 2(1+\mu)\left(V_c + \frac{V_0 + V_y}{2}\right)\frac{\Delta P}{\Delta V} \qquad (15.8.4\text{-}1)$$

$$G_m = \left(V_c + \frac{V_0 + V_y}{2}\right)\frac{\Delta p}{\Delta V} \qquad (15.8.4\text{-}2)$$

式中：μ ——土的泊松比；

V_c ——旁压器固有体积(cm^3)；

V_0—— 初始压力 p_0 所对应的扩张体积(cm^3)；

V_y—— 临塑压力 p_y 所对应的扩张体积(cm^3)；

$\frac{\Delta p}{\Delta V}$ ——旁压曲线似弹性直线斜率(kPa/cm^3)；

E_m ——旁压模量(kPa)；

G_m ——旁压剪切模量(kPa)。

15.8.5 根据旁压试验成果可估算下列土性参数：

1 确定地基土极限强度 f_L

$$f_L = p_L - p_0 \qquad (15.8.5\text{-}1)$$

式中：p_L ——旁压试验极限压力(kPa)；

p_0 ——旁压试验初始压力(kPa)。

2 确定地基土临塑强度 f_y

$$f_y = p_y - p_0 \qquad (15.8.5\text{-}2)$$

式中：p_y ——旁压试验临塑压力(kPa)；

p_0 ——旁压试验初始压力(kPa)。

3 确定土的侧向基床反力系数 K_m

$$K_m = \Delta p / \Delta r \qquad (15.8.5\text{-}3)$$

式中：Δp ——压力差(kPa)；

Δr —— Δp 对应的半径差(m)。

4 估算软黏性土不排水抗剪强度 c_u

$$c_u = (p_L - p_0)/N_p \tag{15.8.5-4}$$

式中：p_0，p_L ——同式(15.8.5-1)；

N_p ——系数，可取 6.18。

5 估算砂土的有效内摩擦角 φ'

$$\varphi' = 5.77\ln\frac{p_L - p_0}{250} + 24 \tag{15.8.5-5}$$

式中：p_0，p_L ——同式(15.8.5-1)。

16 室内试验

16.1 一般规定

16.1.1 室内试验的试验方法、操作和采用的仪器设备应符合现行国家标准《土工试验方法标准》GB/T 50123、行业标准《铁路工程土工试验规程》TB 10102 和上海市工程建设规范《岩土工程勘察规范》DGJ 08—37 的有关规定；工程需要时，可参照相关行业标准。各种常用的土工试验项目、测定参数及工程应用见表 16.1.1。

表 16.1.1 室内土工试验项目、参数与工程应用

试验类别	试验项目	测定参数	工程应用
物理性	含水率、密度、比重	含水率 w、密度 ρ、比重 G_s	土的基本参数计算
	界限含水率	液限 w_L、塑限 w_P、塑性指数 I_P、液性指数 I_L	黏性土的分类；判断黏性土的状态
	颗粒分析	颗粒大小分布曲线、不均匀系数 C_u、曲率系数 C_c、黏粒含量 p_c	粉土和砂土的分类；确定黏粒含量，判别液化
	灼失量	灼失量 W_u	有机质土的分类
水理性	渗透	渗透系数 k_v、k_H	土层渗透性评价；降水设计
力学性	固结	$e \sim p$ 曲线、压缩系数 α_v、压缩模量 E_s、回弹模量 E_c、回弹再压缩模量 E_{rc}	沉降计算；开挖土体回弹量计算
		$e \sim \log p$ 曲线、先期固结压力 P_c、超固结比 OCR、压缩指数 C_c、回弹指数 C_s	土的应力历史评价；考虑应力历史的沉降计算；考虑应力历史时，开挖土体回弹量估算

续表16.1.1

试验类别	试验项目	测定参数	工程应用
力学性	固结	固结系数C_v、C_h，次固结系数C_α	黏性土沉降速率和固结度的计算
	直剪快剪	内摩擦角φ_q、黏聚力c_q	黏性土地基快速加荷时的稳定性验算
	直剪固结快剪	内摩擦角φ_{cq}、黏聚力c_{cq}	天然地基承载力计算；基坑及边坡的稳定性验算
	直剪慢剪	内摩擦角φ_s、黏聚力c_s	边坡长期稳定性验算
	三轴不固结不排水(UU)	内摩擦角φ_{uu}、黏聚力c_{uu}	地基承载力计算；施工速度较快，排水条件较差的黏性土的地基稳定性验算；桩端下软弱下卧层强度验算
	三轴固结不排水(CU)	有效内摩擦角φ'、有效黏聚力c'、总应力内摩擦角φ_{cu}、总应力黏聚力c_{cu}	施工速度较慢，考虑上部荷载引起地基强度增长，固结后地基稳定性验算；基坑稳定性验算
力学性	三轴固结排水(CD)	内摩擦角φ_d、总应力黏聚力c_d	施工速度缓慢，排水条件良好的地基长期稳定性验算
	无侧限抗压强度	抗压强度q_u、$q_{u'}$灵敏度S_t	饱和软黏土施工期稳定性验算
	静止侧压力系数	侧压力系数K_0	静止侧压力计算
	基床系数	基床系数K_h、K_v	考虑土-结构物的相互作用，用来计算结构物内力和变形
	击实	最大干密度ρ_{dmax}、最优含水量ω_{opt}	填土压实质量控制
	承载比	承载比$CBR_{2.5}$或$CBR_{5.0}$	路面基层和底层材料以及各种土料的强度检测
热物理性	导热系数 导温系数 比热容	导热系数λ 导温系数α 比热容C	地下建筑物通风等计算；地源热泵系统设计；冻结法计算

续表16.1.1

试验类别	试验项目	测定参数	工程应用
动力学	动三轴（动单剪）	应变幅 10^{-4}～10^{-2}范围的动弹性模量 E_d、动剪切模量 G_d、阻尼比 λ、抗液化强度 τ_1	动力反应分析；地基液化判别
	共振柱	应变幅 10^{-6}～10^{-4}范围的动弹性模量 E_d、动剪切模量 G_d、阻尼比 λ	动力反应分析；地基液化判别
化学性	地下水的腐蚀性	pH 值、Ca^{2+}、Mg^{2+}、Cl^-、SO_4^{2-}、HCO_3^-、CO_3^{2-}、游离 CO_2、侵蚀性 CO_2、NH_4^+、OH^-、总矿化度	水对混凝土结构、钢结构及钢筋混凝土结构中钢筋的腐蚀性评价
	土的腐蚀性	pH 值、Ca^{2+}、Mg^{2+}、Cl^-、SO_4^{2-}、HCO_3^-、CO_3^{2-} 的易溶盐（土水比 1∶5）分析	土对混凝土结构、钢结构及钢筋混凝土结构中钢筋的腐蚀性评价
		氧化还原电位、极化电流密度、视电阻率	土对钢结构的腐蚀性评价

注：污染土、水的试验，应符合现行国家标准《岩土工程勘察规范》GB 50021 的相关要求；必要时，进行专门的试验研究。

16.1.2 岩土室内试验项目应根据工程要求和岩土性质的特点确定。

16.1.3 试验仪器应定期检验及标识，并符合规定的精度要求。

16.1.4 进行力学性参数测定的试验项目，应采用Ⅰ级～Ⅱ级土样。

16.1.5 土样从取样之日起至开土试验的时间不宜超过 10 d，水样放置时间不宜超过 48 h，但对受污染的土样和水试样，其放置时间应根据不同的测试目的与要求确定。

16.1.6 对有特殊要求的试验项目，应根据工程要求，选择适宜的仪器及试验方法。

16.1.7 试验报告中的指标应真实、准确，物理力学指标应匹配。

16.2 土的物理性质试验

16.2.1 含水率试验宜进行两次平行测定，或用环刀内试样测定，其密度与同组平均密度差不宜大于 0.03 g/cm³。

16.2.2 液限含水率可采用 76 g 瓦氏圆锥仪法测定(下沉深度为 10 mm),塑限含水率可采用搓条法或用联合法测定。塑性指数不大于 12 的土,宜用颗粒分析复测黏粒含量。

16.2.3 颗粒分析试样,粒径大于 0.075 mm 可用筛析法,粒径小于 0.075 mm 可用密度计法或移液管法(六偏磷酸钠作为分散剂),当土中粗细颗粒兼有时,应联合使用筛析法和密度计法。若试样中易溶盐含量大于 0.5%时,应洗盐,试验中所用水应为纯水。

16.2.4 土粒的比重可采用表 16.2.4 的数值,对有机质灼失量大于 5%的土,宜实测土粒的比重。

表 16.2.4 土粒比重值

土的类别及名称		划分标准		比重
		按塑性指数 I_p	按颗粒组成百分数	
黏性土	黏土	$I_p > 24$ $20 < I_p \leqslant 24$ $17 < I_p \leqslant 20$	—	2.76 2.75 2.74
	粉质黏土	$14 < I_p \leqslant 17$ $10 < I_p \leqslant 14$	—	2.73 2.72
粉性土	黏质粉土	$I_p \leqslant 10$	$10\% \leqslant d_{0.005} \leqslant 15\%$	2.71
	砂质粉土	—	$d_{0.005} < 10\%$	2.70
砂土	粉砂	—	$50\% \leqslant d_{0.075} \leqslant 85\%$	2.69
	细砂	—	$85\% < d_{0.075}$	2.68
	中砂	—	$50\% < d_{0.25}$	2.67
	粗砂	—	$50\% < d_{0.5}$	2.66
	砾砂	—	$25\% \leqslant d_{2.0} \leqslant 50\%$	2.65

注:$d_{0.005}$、$d_{0.075}$、$d_{0.25}$、$d_{0.5}$ 分别表示粒径<0.005 mm 的百分含量、粒径>0.075 mm的百分含量、粒径>0.25 mm 的百分含量、粒径>0.5 mm 的百分含量。

16.2.5 有机质试验采用烧灼减量法时,可参照现行行业标准《土工试验规程》YS/T 5225 执行。

16.3 土的力学性质试验

16.3.1 固结试验应满足下列要求：

1 加荷等级，第一级压力宜为 50 kPa，对于天然密度小于等于 1.75 g/cm^3 的黏性土，第一级压力宜为 25 kPa。加荷荷重率不宜大于 1，最后一级压力应大于土的自重压力加附加压力之和。

2 最大固结压力小于等于 400 kPa，可采用综合固结度校正的快速法；当固结压力大于 400 kPa 时宜采用慢速法或用 2 h 一级的快速法，次固结增量法校正。

3 当基坑开挖卸荷引起的回弹量和回弹再压缩量时，应进行压缩—回弹—再压缩固结试验，获取回弹模量和回弹再压缩模量，其试验时加卸荷压力宜模拟实际加、卸荷状况。

4 固结系数测定宜采用慢速法或用次固结增量法校正的快速法，测定范围均为土的自重压力至自重压力与附加压力之和。需要做次固结系数试验时，可在主固结试验结束后继续试验至固结稳定为止。

5 土工试验报告应提供 100 kPa～200 kPa 的压缩系数和压缩模量，并应附 $e \sim p$ 曲线或各级压力下的压缩系数表。

16.3.2 先期固结压力试验应满足下列要求：

1 宜采用Ⅰ级土样进行试验。

2 加荷等级，第一级压力值宜为 12.5 kPa，荷重率不应大于 1（在先期固结压力段附近荷重率应减小），施加的最大压力应使测得的曲线下段出现明显的直线段。

3 加荷稳定标准宜为 24 h 或每小时变形量小于 0.005 mm，也可采用间隔 2 h 逐级加荷的快速法，并按次固结增量法进行校正。

4 回弹试验可在某级压力（大于上覆有效压力）下固结稳定

后卸压，直至卸至第一级压力，每级卸压后的稳定标准与加压相同，并测记每级压力及最后一级压力时的回弹模量。

5 宜用最小曲率半径法（C 法）确定先期固结压力 p_c。

6 土工试验报告应提供 p_c、C_c、C_s 值，并附 $e \sim \log p$ 曲线。

16.3.3 直剪、固结快剪、慢剪试验应满足下列要求：

1 试验用 4 块性质相同的试样，密度差不宜大于 0.05 g/cm^3。

2 四级垂直压力，第一级垂直压力宜接近土的自重压力，第四级垂直压力宜接近土的自重压力与附加压力之和；也可取垂直压力分别为 100 kPa、200 kPa、300 kPa 和 400 kPa。

3 固结快剪的固结时间，对于黏性土不宜少于 4.5 h，对于粉性土或砂土不宜少于 2 h。

4 采用预压装置时，经预压固结的试样自预压仪取出推入直剪仪剪力盒后，宜有足够时间进行再固结后实施剪切。

5 抗剪强度参数 c、φ 值宜用最小二乘法计算或绘制抗剪强度与垂直压力的线性关系曲线确定。

16.3.4 三轴压缩试验应满足下列要求：

1 宜采用Ⅰ级土样进行试验。试验方法应与工程实际相一致，对加荷速率快、排水条件差的黏性土宜用不固结不排水（UU）试验；对考虑上部荷载引起土的强度增长或排水固结的基坑工程，可采用固结不排水（CU）试验；对施工进度慢、排水条件良好的地基长期稳定性验算，可采用固结排水（CD）试验。

2 试验围压宜根据工程实际荷重确定，第一级围压宜接近土的自重压力，最大一级围压宜接近土的自重压力与附加压力之和。

3 试验起始孔隙水压力系数 B 值不宜小于 0.95，排水固结稳定标准宜采用孔隙水压力消散达 95%以上。

4 土工试验报告中，UU 试验应提供 c_u、φ_u，附摩尔圆包络线；CU 试验应提供 c_{cu}、φ_{cu}、c'、φ'、A_f 值，并附总应力和有效应力摩尔圆包络线。

5　对于无法切取多个试样，灵敏度较低的原状土，可以采用一个试样多级加荷试验。

16.3.5　无侧限抗压强度试验土样应为饱和软黏土，宜采用Ⅰ级土样并注明取样方法，土工试验报告中应提供 q_u、q_u'、S_t 值。

16.3.6　静止侧压力系数试验适用于饱和的黏性土、粉性土和砂土，试样稳定标准为 24 h 或每小时变形不大于 0.01 mm。

16.3.7　基床系数宜采用三轴(CD)法或固结仪法测定。

16.3.8　常水头渗透试验适用于砂土，变水头渗透试验适用于黏性土和粉性土。试验宜重复测记 3 次以上，计算的渗透系数宜取 3 个，误差不大于 2×10^{-n} 的数据平均值，对渗透性很低的饱和黏性土，可通过固结试验测定固结系数 c_v、c_h，计算渗透系数 k_v、k_h。

16.4　土的热物理性质试验

16.4.1　土的热物理性指标，包括导热系数、比热容和导温系数。

16.4.2　岩土导热系数指标的测定，可采用面热源法、瞬态热线法。

16.4.3　岩土比热容的测定可采用冷却法。

16.5　土的动力性质试验

16.5.1　当工程设计要求测定土的动力性质时，可选用动三轴、动单剪、动扭剪或共振柱试验。

1　测定应变幅为 $10^{-4}\sim10^{-2}$ 范围的动模量和阻尼比时，可进行动三轴、动单剪或动扭剪试验。

2　测定应变幅为 $10^{-6}\sim10^{-4}$ 范围的动模量和阻尼比时，可进行共振柱试验。

3　为边坡或地基土动力稳定性分析提供动参数时，可进行动三轴试验。

4 用应力法判别土层液化可能性，需测定砂土、砂质粉土抗震液化强度时，可进行动三轴、动单剪或动扭剪试验。

5 用刚度法判别土层液化可能性，需测定砂土、砂质粉土发生孔压增长的门槛剪应变时，可进行共振柱试验。

16.5.2 各种动力性质试验宜提供下列成果：

1 动模量和阻尼比试验提供动模量与动应变关系曲线，阻尼比与动应变关系曲线。

2 动强度试验提供不同固结压力下的动剪应力与振次关系曲线。

3 液化强度试验提供不同固结压力下的液化应力与振次关系曲线。

16.5.3 动强度和液化试验破坏标准：

1 动弹性应变和塑性应变之和达到2.5%～5%时。

2 孔隙水压力上升，达到初始固结围压时。

16.6 水(土)的腐蚀性试验

16.6.1 水和土的腐蚀性的测试项目和试验方法应符合下列规定：

1 水对混凝土结构腐蚀性的测试项目包括pH值、Ca^{2+}、Mg^{2+}、Cl^{-}、SO_4^{2-}、HCO_3^{-}、CO_3^{2-}、游离CO_2、侵蚀性CO_2、NH_4^{+}、OH^{-}、总矿化度。

2 土对混凝土结构腐蚀性的测试项目包括pH值、Ca^{2+}、Mg^{2+}、Cl^{-}、SO_4^{2-}、HCO_3^{-}、CO_3^{2-}的易溶盐（土水比1：5）分析。

3 土对钢结构的腐蚀性的测试项目包括pH值、氧化还原电位、极化电流密度、电阻率、质量损失。

4 腐蚀性测试项目的试验方法应符合表16.6.1的规定。

表 16.6.1　腐蚀性试验方法

序号	试验项目	试验方法	取样量	备注
1	pH 值	电位法	水样 1 kg	1. 侵蚀性 CO_2，宜现场取样加 $CaCO_3$ 后密封； 2. 当测土腐蚀性时土样需 3 kg，水浸出液土水比为 1∶5
2	Ca^{2+}	EDTA 容量法		
3	Mg^{2+}	EDTA 容量法		
4	Cl^{-}	硝酸银滴定法		
5	SO_4^{2-}	EDTA 容量法或质量法		
6	HCO_3^{-}	酸滴定法		
7	CO_3^{2-}	酸滴定法		
8	侵蚀性 CO_2	酸滴定法		
9	游离 CO_2	碱滴定法		
10	NH_4^{+}	钠氏试剂比色法		
11	OH^{-}	酸滴定法		
12	总矿化度	计算法		
13	氧化还原电位	铂电极法	—	
14	极化电流密度	原位极化法	—	
15	电阻率	四极法	—	
16	质量损失	管灌法	5 kg	

17 岩土工程分析评价和勘察成果报告

17.1 一般规定

17.1.1 岩土工程分析评价应满足下列要求：

1 应在工程地质调查、勘探、测试和搜集既有勘察资料的基础上，结合勘察阶段、工程特点和要求进行。

2 岩土工程分析评价应论据充分、针对性强，所提建议应技术可行、经济合理、安全适用。岩土参数的分析与选用应符合现行国家、行业和地方标准的规定。

17.1.2 勘察成果报告编制应满足下列要求：

1 市域铁路岩土工程勘察报告包括总报告、分段报告和工点报告。可行性研究阶段岩土工程勘察报告应编制总报告；初步勘察阶段岩土工程勘察报告应分段编制报告；详勘阶段岩土勘察报告宜按工点编制。

2 勘察报告应统一全线地质单元分区、岩土分层的标准。上海地区岩土分层标准详见本规范附录 A。

3 勘察报告应资料完整、数据真实、内容可靠、逻辑清晰，文字、表格、图件相互印证。文字、符号、通用术语、数字和计量单位等均应符合国家有关标准的规定。

17.2 岩土工程分析评价

17.2.1 各类铁路工程和建筑工程的岩土分析评价主要包括下列内容：

1 工程场地的稳定性和适宜性。

2 各类工程的地基基础方案、地基承载力、变形及岩土参数的分析评价，建议设计、施工所需的岩土参数。

3 不良地质及特殊性岩土对工程的影响，提出避让或防治措施的建议。

4 划分场地类别，评价场地地基地震液化和震陷的可能性。

5 岩土施工工程分级、围岩分级、边坡稳定性和变形分析，支护方案和施工措施的建议。

6 地下水对工程的影响、控水措施的建议。

7 水、土对建筑材料的腐蚀性。

8 工程建设与工程周边环境相互影响的预测及防治对策的建议。

9 预测施工、运营过程中可能出现的岩土工程问题及工程风险，并提出相应的防治措施和合理的施工方法建议。

17.2.2 路基、涵洞工程应重点分析评价下列内容：

1 路基持力层，支挡结构或涵洞天然地基持力层比选与建议。

2 对路基的强度和稳定性、沉降变形进行分析评价，提出地基处理建议。

3 对不良地质和特殊性岩土地基处理方法的建议。

17.2.3 桥梁工程应重点分析评价下列内容：

1 桩基持力层比选和建议；对地质条件复杂的地段应分段进行评价和建议。

2 桩型、桩径及桩端入土深度的分析建议，提供桩基承载力及变形计算所需的岩土参数，估算单桩承载力；必要时估算桩基沉降量。

3 沉（成）桩可行性评价。

4 跨河桥梁分析评价冲刷对桥梁基础的影响。

5 对设计、施工注意事项提出建议。

17.2.4 明挖法施工应重点分析评价下列内容：

1 结合场地工程地质条件，对基坑稳定性进行分析评价。

2 分析评价地下水对基坑工程的影响。临岸基坑工程，尚应评价地表水与地下水的水力联系。

3 分析基坑开挖过程中产生坍塌、流砂管涌、基底回弹与隆起、承压水突涌的可能性，建议合理的防治措施。

4 分析基坑周边填土、暗浜等不良地质条件和地下障碍物对基坑工程的影响，提出相应的防治措施建议。

5 提出基坑支护方案及开挖方式、降水措施的建议。

6 对格构柱桩或中间柱桩的持力层、承载能力提出建议。

7 对地下结构抗浮稳定进行分析评价，建议合理的抗浮水位和抗浮措施。

8 对基坑设计与施工注意事项、施工监测等提出建议。

17.2.5 盾构法施工应重点分析评价下列内容：

1 根据岩土层的特点和场地环境条件，提出盾构机选型的建议，提供盾构设计施工所需的岩土参数。

2 评价盾构掘进及进出洞施工过程中产生涌水涌砂的可能性，建议合理的处置措施。

3 提出在软硬不均地层中开挖措施及开挖面障碍物处理方法建议。

4 根据隧道影响范围内承压水含水层、浅层气分布情况，分析评价其对隧道设计和施工可能产生的影响，提出处理措施的建议。

5 穿越江、河的隧道，分析评价河床冲淤变化、水位变化等对工程的不利影响，并提出防治措施建议。

6 分析盾构施工可能造成的沉降和土体位移等地面变形特征，评价地面变形对工程周边环境的影响，提出防治措施建议。

7 对冻结法（暗挖）施工影响范围内的工程地质、水文地质条件进行分析评价，评价冻胀、融沉对工程及环境的不利影响。

8 对盾构设计与施工注意事项、施工监测等提出建议。

17.2.6 地面建(构)筑物的岩土工程分析评价,应符合现行国家标准《岩土工程勘察规范》GB 50021 和上海市工程建设规范《岩土工程勘察规范》DGJ 08—37 的有关规定。

17.3 岩土参数统计和建议

17.3.1 岩土原位测试及室内试验的参数统计应符合下列规定:

1 按不同地质单元进行分层统计。

2 子样的取舍宜考虑数据的离散程度和已有经验。

3 一般情况下,应提供岩土参数的子样数、最大值、最小值、平均值、标准差、变异系数等。承载能力极限状态设计所需的岩土参数应提供标准值。

4 当变异系数较大时,应分析误差原因,提出建议值。

5 静力触探测试参数应提供分层统计值,并计算厚度加权平均值或最小平均值。

17.3.2 岩土参数的平均值、标准差、变异系数应按下式计算和确定:

$$\phi_{\mathrm{m}}=\frac{\sum_{i=1}^{n}\phi_i}{n} \tag{17.3.2-1}$$

$$\sigma_{\mathrm{f}}=\sqrt{\frac{1}{n-1}\left[\sum_{i=1}^{n}\phi_i^2-\frac{\left(\sum_{i=1}^{n}\phi_i\right)^2}{n}\right]} \tag{17.3.2-2}$$

$$\delta=\frac{\sigma_{\mathrm{f}}}{\phi_{\mathrm{m}}} \tag{17.3.2-3}$$

式中:ϕ_{m} ——岩土参数平均值;

ϕ_i ——岩土参数试验值;

n ——岩土参数子样数;

σ_f ——岩土参数标准差；

δ ——岩土参数的变异系数。

17.3.3 岩土参数标准值 ϕ_k 可按下列方法确定：

$$\phi_k = \gamma_s \phi_m \tag{17.3.3-1}$$

$$\gamma_s = 1 \pm \left\{ \frac{1.704}{\sqrt{n}} + \frac{4.678}{n^2} \right\} \delta \tag{17.3.3-2}$$

式中：γ_s ——统计修正系数；

n ——岩土参数子样数。

注：式中正负号按不利组合考虑，如抗剪强度指标的修正系数应取负号。

17.3.4 线路工程所需地基基本承载力可根据地层特性，按本规范附录 B，结合上海地区经验综合确定；必要时，可采用静载荷试验方法确定。桩基设计参数可根据地层特性，按现行行业标准《铁路桥涵地基和基础设计规范》TB 10093 相关规定，结合上海地区经验，参照本规范附录 C 综合确定；重大桩基工程或场地地质条件较复杂时，宜通过现场单桩静载荷试验确定。

17.3.5 建筑工程（含车站）地基承载力可按现行国家标准《建筑地基基础设计规范》GB 50007 和上海市工程建设规范《地基基础设计标准》DGJ 08—11 相关规定综合确定。桩基设计参数可按本规范附录 C 确定。

17.3.6 岩土的围岩分级、岩土工程施工工程分级可分别按本规范附录 E 和附录 F 划分。

17.4 勘察成果报告

17.4.1 勘察报告应根据相应设计阶段编制，满足工程各阶段设计和施工要求。

17.4.2 勘察成果文件应包括文字报告、附图附表和必要的附件。

1 文字报告主要包括以下内容：

1） 概述：任务依据、工程概况、勘察范围、目的与任务、执行的技术标准、勘察手段及勘察工作量布置、勘察过程及工作方法、完成的工作量。

2） 自然地理概况：项目所处的地理位置、气象、水文和交通条件等。

3） 建筑场地及周边环境条件。

4） 工程地质条件：地形地貌、区域地质条件、地基土的构成与性质特征、岩土参数及地基承载力。岩土施工工程分级、隧道围岩分级。

5） 水文地质条件：地表水的分布、水位，与地下水的水力联系。地下水的类型，赋存、补给、径流、排泄条件，地下水水位及变化幅度。地层渗透性及隔水性。水、土对建筑材料的腐蚀性。

6） 不良地质和特殊性岩土：类型、分布范围、发育程度、工程性质特征。

7） 场地地震效应：场地土类型、场地类别、抗震设防烈度及地震动参数、地震液化评价和软土震陷评价，抗震地段划分。

8） 场地稳定性和适宜性评价。

9） 岩土工程分析与评价：各类工程的地质条件分析与评价，地基与基础方案建议，不良地质和特殊性岩土对工程的危害评价及处理措施建议等。设计、施工中应注意的问题及处理措施建议。

10） 预测工程建设对既有建筑的影响，工程建设产生的地质环境变化，以及地质环境变化对工程建设的影响。

11） 预测施工、运营过程中可能出现的岩土工程问题，并提出相应的防治措施和合理的施工方法。

12）预测工程建设中的主要岩土工程风险，并提出相应的防治措施。

2 附图附表宜包括下列内容：

1）勘探点主要数据一览表。

2）标准贯入试验、静力触探等原位测试成果表。

3）土层物理力学性质指标统计表。

4）线路综合工程地质图。

5）工程地质纵、横断（剖）面图。

6）钻孔柱状图。

7）静力触探试验成果曲线。

8）十字板、扁铲、旁压、电阻率、地温测试等原位测试试验成果图。

9）其他所需要的图表。

3 附件宜包括下列内容：

1）土工试验成果报告。

2）水文地质试验成果报告。

3）钻孔波速测试成果报告。

4）典型岩芯照片。

5）其他成果资料。

18 现场检验和监测

18.1 一般规定

18.1.1 现场检验和监测应在工程施工期间进行。对有特殊要求的工程，应根据工程特点，确定必要的项目，在使用期间内继续进行。

18.1.2 现场检验与监测方法可根据工程性质及工程周边环境复杂程度采用现场观察巡视、仪器量测或自动化量测等手段。必要时，建立信息化监测平台。

18.1.3 现场检验和监测记录、数据和图件，应保持完整，并按要求整理分析，及时向有关方面报送。当监测数据接近危及工程的临界值时，必须加密监测并及时报告。现场检验和监测完成后，应提交成果报告。

18.2 现场检验

18.2.1 基槽、基坑、路基开挖后及隧道开挖过程中，应检验地基和围岩的地质条件与勘察报告是否一致。遇到异常情况时，应提出处理措施或修改设计的建议。

18.2.2 基槽、基坑、路基开挖后地基检验应包括下列内容：

1 岩土分布、均匀性和特征。

2 地下水情况。

3 检查是否有暗浜、古井、古墓、洞穴、防空掩体及地下埋设物，并查清其位置、深度、性状。

4 检查地基、路基是否受到施工的扰动；若扰动，只检查扰动的范围和深度。

5 冬季、雨季施工时应注意检查地基、路基的防护措施，地基、路基土质是否受冻、浸泡和冲刷、干裂等，并查明影响的范围和深度。

6 对土质地基，可采用轻型圆锥动力触探进行检验。

18.2.3 隧道开挖过程中应检验下列内容：

1 开挖揭露的围岩性质、分布和特征、地下水条件是否与勘察报告一致。

2 地下水渗漏情况。

3 工作面岩土体的稳定状态，围岩超挖或坍塌情况等。

4 根据开挖揭露的岩土情况，对围岩分级进行确认或修正。

18.2.4 桥梁工程的桩基应通过试钻或试打，检验岩土条件是否与勘察报告一致。如遇异常情况，应提出处理措施。

18.2.5 地基处理效果检验应符合现行国家标准《建筑地基基础工程施工质量验收标准》GB 50202 和行业标准《建筑地基处理技术规范》JGJ 79 的规定。

18.2.6 现场检验应填写检验报告；必要时，绘制开挖面实际地层素描图或拍照。

18.3 现场监测

18.3.1 现场监测主要为工程施工阶段监测，包括支护结构、地基沉降、地下水、不良地质作用和地质灾害、工程周边环境的监测等。

18.3.2 现场监测应根据工程特点、地质条件、施工工法与工艺的需要及工程周边环境条件确定监测项目、监测方法。

18.3.3 明挖法支护结构施工监测应根据场地条件和开挖支护的施工设计确定，并应符合现行行业标准《建筑基坑支护技术规程》

JGJ 120 的有关规定。包括下列内容：

1 支护结构的变形。

2 基坑周边的地面变形。

3 邻近工程和地下设施的变形。

4 地下水位。

5 渗漏、冒水、冲刷、管涌等情况。

18.3.4 盾构法支护结构施工监测的内容主要包括管片沉降与隆起、管片净空收敛与内力。

18.3.5 遇下列情况应对市域铁路工程结构进行沉降监测：

1 地质条件复杂、地基软弱或采用人工加固地基。

2 因地基变形、局部失稳影响工程结构安全时。

3 受力条件复杂的工程结构、设计有特殊要求的工程结构。

4 采用新的施工技术时。

5 地面沉降等不良地质发育区段。

6 受附近深基坑开挖、隧道开挖、工程降水等施工影响的工程结构。

18.3.6 地下水的监测应在下列情况下进行：

1 地下水位升降影响岩土稳定时。

2 地下水位上升产生浮托力对地下室或地下构筑物的防潮、防水或稳定性产生较大影响时。

3 施工降水对拟建工程或相邻工程有较大影响时。

4 施工或环境条件改变，造成的孔隙水压力、地下水压力变化，对工程设计或施工有较大影响时。

5 地下水位的下降造成区域性地面沉降时。

6 地下水位升降可能使岩土产生软化、湿陷、胀缩时。

18.3.7 地下水施工监测内容主要包括地下水位、孔隙水压力、地下水压力、水质等。地下水位监测可设置专门的地下水位观测孔，或利用水井、地下水天然露头进行。

18.3.8 不良地质作用和地质灾害的监测应在下列情况下进行：

1 场地及其附近有不良地质作用或地质灾害，并可能危及工程的安全或正常使用时。

2 工程建设和运行，可能加速不良地质作用的发展或引发地质灾害时。

3 工程建设和运行，对附近环境可能产生显著不良影响时。

18.3.9 不良地质作用和地质灾害的监测，应根据场地及其附近的地质条件和工程实际需要编制监测纲要，按纲要进行。纲要内容包括：监测目的和要求、监测项目、测点布置、观测时间间隔和期限、观测仪器、方法和精度、应提交的数据、图件等，并及时提出灾害预报和采取措施的建议。

18.3.10 周边工程的监测应符合相关规范和管理部门的要求。工程周边环境的施工监测项目主要包括地表建（构）筑物、地下构筑物、地下管线、市政道路桥梁、既有城市轨道交通线路（铁路）及其他市政基础设施的沉降、隆起、水平位移和裂缝。在工程施工影响范围内应有量测点控制，测点应重点布置在预估变形和内力较大部位、影响工程和工程周边环境安全的关键部位、地质条件复杂的部位及设计特殊要求的部位等。监测频率应结合工程特点、施工状况、地质条件和工程周边环境条件等确定。当监测值达到不同的预警状况时，应调整相应的监测频率。

附录A 地基土层序编号及定名

表 A-1 湖沼平原Ⅰ-1区地基土层次名称表

地质年代		土层序号	土层名称	顶面埋深（m）	常见厚度（m）	成因类型	状态或密实度	包含物及工程特性	分布状况
全新世Q_4	Q_4^3	①$_1$	填土	0.0	0.5～1.0	人工	松散	上部夹植物根茎，具孔隙，局部含砖石等杂质；下部以黏性土为主。明、暗浜区底部分布有浜底淤泥	遍布
		①$_2$	灰黑色泥炭质土	0.5～1.0	0.2～0.5	湖沼	软塑	含大量腐植物、有机质，有臭味、无层理	局部分布
		②$_1$	褐黄～灰黄色黏性土	0.5～1.5	0.5～1.5	滨海～河口	可塑～软塑	含氧化铁及铁锰质结核，局部夹有机质。属中等～高等压缩性土。俗称“硬壳层”，是良好的天然地基持力层	遍布
		②$_2$	灰黑色泥炭	2.0～3.0	0.3～0.6	河口～湖沼	软塑	以腐植物、有机质为主，有臭味	局部分布
	Q_4^2	③$_1$	灰色淤泥质黏性土	2.0～3.5	1.0～12.0	滨海～浅海	流塑	含云母、有机质，夹少量薄层粉性土。属高等压缩性土，具流变和触变的特性	局部缺失

续表A-1

地质年代		土层序号	土层名称	顶面埋深(m)	常见厚度(m)	成因类型	状态或密实度	包含物及工程特性	分布状况
全新世Q_4	Q_4^2	③$_2$	灰色粉性土、粉砂	6.0～10.0	1.5～10.0	滨海～浅海	松散～稍密	含云母、贝壳,夹薄层黏性土。属中等压缩性土,存在地震液化和流砂的可能性	局部分布
		③$_3$	灰色黏性土	7.0～15.0	2.0～13.0	滨海～浅海	软塑	含云母、有机质,夹薄层粉性土。属高等压缩性土,具流变和触变的特性	局部分布
晚更新世Q_3	Q_3^2	⑥$_1$	暗绿～草黄色黏性土	4.0～15.0	3.0～14.0	河口～湖沼	硬塑～可塑	含氧化铁条纹、腐植物、铁锰质结核。属超固结、中等压缩性土,是良好的天然地基和桩基持力层	局部缺失,层面有起伏
		⑥$_2$	黄～灰色粉性土、粉砂	7.0～20.0	2.0～17.0	河口～湖沼	稍密～中密	含云母、氧化铁条纹,夹黏性土。属中等压缩性土,分布稳定时为良好的桩基持力层	局部缺失
		⑥$_3$	灰色黏性土	13.0～20.0	1.0～10.0	河口～湖沼	软塑	含云母、腐植物,夹薄层粉砂	局部缺失
		⑦$_1$	草黄色粉性土	25.0～29.0	1.0～5.0	河口～滨海	稍密～中密	含云母、氧化铁条纹,夹薄层黏性土及粉砂。属中等压缩性土,是良好的桩基持力层	局部受古河道切割缺失
		⑦$_2$	灰黄～灰色粉砂	30.0～40.0	3.0～20.0	河口～滨海	中密～密实	由长石、石英、云母等矿物颗粒组成,土质较均匀致密。属中等～低等压缩性土,是良好的桩基持力层	局部受古河道切割缺失

续表A-1

地质年代		土层序号	土层名称	顶面埋深（m）	常见厚度（m）	成因类型	状态或密实度	包含物及工程特性	分布状况
晚更新世 Q_3	Q_3^2	⑧$_1$	灰色黏性土	30.0～45.0	3.0～16.0	滨海～浅海	软塑～可塑	含云母、腐植物，夹薄层粉砂。属高等～中等压缩性土	遍布
		⑧$_2$	灰色粉质黏土夹粉砂、或互层	45.0～55.0	3.0～20.0	滨海～浅海	可塑或中密	含云母、腐植物，具交错层理.黏性土与砂互层，呈“千层饼”状。局部夹少量钙质结核及半腐植物。属中等压缩性土，是较好的桩基持力层	遍布
	Q_3^1	⑨	青灰色粉、细砂	55.0～75.0	10.0～20.0	滨海～河口	密实	由长石、石英、云母等组成，夹薄层黏性土及粉性土。属中等～低等压缩性土，是良好的桩基持力层	遍布

表 A-2　滨海平原地基土层次名称表

地质年代		土层序号	土层名称	顶面埋深（m）	常见厚度（m）	成因类型	状态或密实度	包含物及工程特性	分布状况
全新世 Q_4	Q_4^3	①$_1$	填土	0.0	0.5～3.0	人工	松散	含碎石、石块、垃圾、植物根茎等	遍布
		①$_2$	浜底淤泥	1.0～3.0	1.0～4.0	—	流塑	黑色淤泥、杂物、有臭味	分布于明浜、暗浜（塘）区

续表A-2

地质年代		土层序号	土层名称	顶面埋深(m)	常见厚度(m)	成因类型	状态或密实度	包含物及工程特性	分布状况
全新世 Q_4	Q_4^3	①$_3$	灰色粉性土（俗称江滩土）	2.0～3.0	4.0～15.0	河漫滩	松散～稍密	含螺壳、贝壳碎屑，棕丝等杂质，以黏质粉土为主，局部夹较多淤泥质土，局部为砂质粉土	黄浦江沿岸
		②$_1$	褐黄色黏性土	0.5～2.0	1.5～2.0	滨海～河口	可塑	含氧化铁锈斑及铁锰质结核。属中等压缩性土。俗称“硬壳层”，是良好的天然地基持力层	遍布
		②$_2$	灰黄色黏性土	1.5～2.0	0.5～2.0	滨海～河口	软塑	含铁锰质斑点，夹灰色条纹，局部夹粉性土，属中等～高等压缩性土	遍布
		②$_3$	灰色粉性土、粉砂	2.0～3.0	3.0～15.0	滨海～河口	松散～稍密	含云母，夹薄层黏性土，土质不均匀。属中等压缩性土，存在地震液化和流砂的可能性	沿苏州河（主要位于苏州河以北）呈带状分布
	Q_4^2	③$_1$ ③$_3$	灰色淤泥质粉质黏土	3.0～7.0	5.0～10.0	滨海～浅海	流塑	含云母、有机质，夹薄层状粉砂，局部为软塑状粉质黏土。属高等压缩性土，是天然地基的主要软弱下卧层	遍布
		③$_2$	灰色粉性土、粉砂	4.0～5.0	1.0～5.0	滨海～浅海	松散～稍密	含云母，夹薄层黏性土，土质不均匀。属中等压缩性土，存在地震液化和流砂的可能性	局部分布，呈“透镜体”状

续表A-2

地质年代		土层序号	土层名称	顶面埋深（m）	常见厚度（m）	成因类型	状态或密实度	包含物及工程特性	分布状况
全新世Q_4	Q_4^2	④	灰色淤泥质黏土	7.0～12.0	5.0～10.0	滨海～浅海	流塑	含云母、有机质，夹少量薄层粉砂，局部夹贝壳碎屑。属高等压缩性、高灵敏度土，是天然地基的主要软弱下卧层	遍布
	Q_4^1	⑤$_1$	褐灰色黏性土	15.0～20.0	5.0～15.0	滨海、沼泽	软塑～可塑	含云母，有机质，夹泥、钙质结核，半腐芦苇根茎。土性自上而下逐渐变好，属中等～高等压缩性土	遍布
		⑤$_2$	灰色粉性土、粉砂	20.0～30.0	5.0～20.0	滨海、沼泽	稍密～中密（局部密实）	含云母，夹薄层状黏性土，具交错层理。属中等压缩性土，分布稳定时，是较好的桩基持力层	古河道区域分布
		⑤$_3$	灰～褐灰色黏性土	25.0～32.0	9.0～20.0	溺谷	可塑	含云母、有机质，夹薄层粉砂，局部夹泥炭质土。属中等压缩性土，当暗绿色土层缺失或埋深较大时，可作为桩基持力层	古河道区域分布
		⑤$_4$	灰绿色黏性土	35.0～46.0	1.0～3.0	溺谷	可塑～硬塑	含氧化铁、有机质。属中等压缩性土	古河道区域分布
晚更新世Q_3	Q_3^2	⑥$_1$	暗绿色黏性土	15.0～30.0	2.0～5.0	河口～湖泽	可塑～硬塑	含氧化铁斑点，偶夹钙质结核。属超固结、中等压缩性土，是良好的桩基持力层	局部受古河道切割而缺失

续表A-2

地质年代		土层序号	土层名称	顶面埋深（m）	常见厚度（m）	成因类型	状态或密实度	包含物及工程特性	分布状况
晚更新世 Q_3	Q_3^2	⑥$_2$	草黄色黏性土	30.0～32.0	1.0～2.0	河口～湖泽	可塑～硬塑	含氧化铁斑点，夹粉性土。属超固结、中等压缩性土，是良好的桩基持力层	局部受古河道切割而缺失
		⑦$_1$	草黄～灰色粉性土、粉砂	20.0～35.0	4.0～8.0	河口～滨海	中密～密实	含云母.夹薄层状黏性土。属中等压缩性土，是良好的桩基持力层	分布较广，厚度变化大
		⑦$_2$	灰色粉细砂	35.0～40.0 (43.0～55.0)	6.0～30.0	河口～滨海	密实	由长石、石英、云母等矿物颗粒组成，土质较均匀致密。属中等～低等压缩性土，是良好的桩基持力层	分布较广，层位不稳定
		⑧$_1$	灰色黏性土	30.0～50.0	10.0～20.0	滨海～浅海	软塑～可塑	含云母、腐植物，夹薄层粉砂。属轻度超固结、高等～中等压缩性土	分布较广，局部缺失
		⑧$_2$	灰色粉质黏土、粉砂互层	50.0～60.0	5.0～20.0	滨海～浅海	可塑或中密	含云母，具交错层理，夹砂互层呈“千层饼”状。属中等压缩性土，是较好的桩基持力层	分布较广，局部缺失
	Q_3^1	⑨$_1$	青灰色粉细砂夹黏性土	60.0～77.0	5.0～8.0	滨海～河口	中密～密实	含云母，砂土颗粒自上而下变粗，层顶夹较多的薄层黏性土。属中等～低等压缩性土，是良好的桩基持力层	分布较稳定

续表A-2

地质年代		土层序号	土层名称	顶面埋深(m)	常见厚度(m)	成因类型	状态或密实度	包含物及工程特性	分布状况
晚更新世Q_3	Q_3^1	⑨$_2$	青灰色粉、细砂夹中、粗砂	70.0～81.0	5.0～10.0	滨海～河口	密实	含砾石，夹黏性土团块。属低等压缩性土	分布较稳定
中更新世Q_2	Q_2^2	⑩	兰灰～褐灰色黏性土	86.0～101.0	4.0～10.0	河口～湖泽	硬塑	含钙质、铁锰质结核。属超固结、中等～低等压缩性土	遍布
		⑪	青灰色粉细砂	88.0～101.0	10.0～30.0	河口～滨海	密实	含贝壳碎片。属低等压缩性土	遍布
		⑫	绿灰色黏性土	110.0～120.0	8.0～12.0	湖泊	硬塑	含云母，夹粉砂。属超固结、中等～低等压缩性土	遍布

注：第⑦层有括号者为古河道分布区的顶面埋深。

表 A-3　河口、砂嘴、砂岛地基土层次名称表

地质年代		土层序号	土层名称	顶面埋深(m)	常见厚度(m)	成因类型	状态或密实度	包含物及工程特性	分布状况
全新世Q_4	Q_4^3	①$_1$	填土	0	0.4～1.0	人工	松散	含碎石、石块、垃圾、植物根茎等。明、暗浜区底部分布有浜底淤泥	遍布
		②$_1$	褐黄色黏性土	0.4～1.0	0.8～1.2	滨海～河口	可塑	含氧化铁锈斑及铁锰质结核，夹较多薄层粉性土，局部相变为粉性土。属中等压缩性土，是良好的天然地基持力层	遍布

续表A-3

地质年代		土层序号	土层名称	顶面埋深（m）	常见厚度（m）	成因类型	状态或密实度	包含物及工程特性	分布状况
全新世 Q_4	Q_4^3	②$_2$	灰黄色黏性土	1.5～2.0	1.0～2.0	滨海～河口	软塑	含铁锰质斑点、云母、粉砂等，局部夹淤泥质土。属高等压缩性土	局部分布
		②$_3$	灰色粉性土、粉砂	2.0～3.0	3.0～18.0	滨海～河口	松散～稍密	含云母，夹薄层黏性土，土质不均匀。属中等压缩性土，是良好的天然地基持力层或下卧层，但存在地震液化和流砂的可能性	遍布
	Q_4^2	③	灰色淤泥质粉质黏土	6.0～7.0	1.0～3.0	滨海～浅海	流塑	含云母、有机质，夹薄层状粉砂。属高等压缩性土，是天然地基主要软弱下卧层	与滨海平原交界地带分布
		④	灰色淤泥质黏土	9.0～15.0	3.0～10.0	滨海～浅海	流塑	含云母、有机质，夹少量薄层粉砂，局部夹贝壳碎屑。属高等压缩性、高灵敏度土，是天然地基主要软弱下卧层	遍布
	Q_4^1	⑤$_1$	褐灰色黏性土	15.0～20.0	5.0～20.0	滨海、沼泽	软塑～可塑	含云母、有机质，夹泥、钙质结核，半腐芦苇根茎。土性自上而下逐渐变好吗，属高等～中等压缩性土	遍布
		⑤$_2$	灰色粉性土、粉砂	30.0～45.0	5.0～10.0	滨海、沼泽	稍密～中密	含云母，夹薄层状黏性土，具交错层理。属中等压缩性土，分布稳定时，是良好的桩基持力层	局部分布

续表A-3

地质年代		土层序号	土层名称	顶面埋深（m）	常见厚度（m）	成因类型	状态或密实度	包含物及工程特性	分布状况
全新世Q_4	Q_4^1	⑤$_3$	灰～褐灰色黏性土	30.0～40.0	10.0～20.0	溺谷	软塑～可塑	含云母、有机质，夹薄层粉砂，局部夹泥炭质土。属高等～中等压缩性土，当暗绿色土层缺失或埋深较大时，可作为桩基持力层	局部分布
		⑤$_4$	灰绿色黏性土	35.0～40.0	1.0～3.0	溺谷	可塑～硬塑	含氧化铁、有机质。属中压缩性土	分布于古河道区域
晚更新世Q_3	Q_3^2	⑥$_1$	暗绿色黏性土	20.0～30.0	1.5～4.0	河口～湖泽	可塑～硬塑	含氧化铁斑点，偶夹钙质结核。属超固结、中等压缩性土，是良好的桩基持力层	南汇嘴地区分布较广，崇明、长兴、横沙三岛均缺失
		⑥$_2$	草黄色黏性土	30.0～32.0	1.0～2.0	河口～湖泽	可塑～硬塑	含氧化铁斑点，夹粉性土。属超固结、中等压缩性土，是良好的桩基持力层	
		⑦$_1$	草黄～灰色粉性土、粉砂	28.0～35.0	4.0～8.0	河口～滨海	中密～密实	含云母，夹薄层状黏性土。属中等压缩性土，是良好的桩基持力层	分布较广，厚度变化大
		⑦$_2$	灰色粉细砂	35.0～40.0 (43.0～55.0)	6.0～30.0	河口～滨海	密实	由长石、石英、云母等矿物颗粒组成，土质较均匀致密。属中等～低等压缩性土，是良好的桩基持力层	分布较广，层位不稳定

续表A-3

地质年代		土层序号	土层名称	顶面埋深(m)	常见厚度(m)	成因类型	状态或密实度	包含物及工程特性	分布状况
晚更新世 Q_3	Q_3^2	⑧$_1$	灰色黏性土	40.0～60.0	10.0～20.0	滨海～浅海	软塑～可塑	含云母、腐植物.夹薄层粉砂。属轻度超固结、高等～中等压缩性土	分布较广，局部缺失
		⑧$_2$	灰色粉质黏土、粉砂互层	50.0～60.0	5.0～20.0	滨海～浅海	可塑或中密	含云母，具交错层理，夹砂互层呈“千层饼”状。属中等压缩性土，是较好的桩基持力层	分布较广，局部缺失

附录B 地基土承载力参数表

1 砂类土地基的基本承载力 σ_0 可依据其密实度及湿度按表B-1确定。

表B-1 砂类土地基基本承载力 σ_0(kPa)

砂土名称	密实度、湿度	松散	稍密	中密	密实
砾砂、粗砂	与湿度无关	200	370	430	550
中砂	与湿度无关	150	330	370	450
细砂	稍湿或潮湿	100	230	270	350
	饱和	—	190	210	300
粉砂	稍湿或潮湿	—	190	210	300
	饱和	—	90	110	200

2 粉土地基的基本承载力 σ_0 可依据其天然含水率及天然孔隙比按表B-2确定。

表B-2 粉土地基基本承载力 σ_0(kPa)

e \ w	10	15	20	25	30	35	40
0.5	400	380	(355)	—	—	—	—
0.6	300	290	280	(270)	—	—	—
0.7	250	235	225	215	(205)	—	—
0.8	200	190	180	170	(165)	—	—
0.9	160	150	145	140	130	(125)	—
1.0	130	125	120	115	110	105	(100)

注:1 e 为天然孔隙比,w 为天然含水率,有括号者仅供内插。

2 在湖、塘、沟、谷与河漫滩地段以及新近沉积的粉土,应根据经验取值。

3　一般黏性土地基的基本承载力 σ_0 可依据其孔隙比及液性指数按表 B-3 确定。

表 B-3　一般黏性土地基基本承载力 σ_0(kPa)

液限指数 I_L / 孔隙比 e	0	0.1	0.2	0.3	0.4	0.5	0.6	0.7	0.8	0.9	1.0	1.1	1.2
0.5	450	440	430	420	400	380	350	310	270	240	220	—	—
0.6	420	410	400	380	360	340	310	280	250	220	200	180	—
0.7	400	370	350	330	310	290	270	240	220	190	170	160	150
0.8	380	330	300	280	260	240	230	210	180	160	150	140	130
0.9	320	280	260	240	220	210	190	180	160	140	130	120	100
1.0	250	230	220	210	190	170	160	150	140	120	110	—	—
1.1	—	—	160	150	140	130	120	110	100	90	—	—	—

注：土中含粒径大于 2 mm 的颗粒，按质量计占全部质量的 30%以上时，σ_0 可酌情提高。

4　软土地基的基本承载力 σ_0 可依据其天然含水率按表 B-4确定。

表 B-4　软土地基基本承载力 σ_0

天然含水率(%)	36	40	45	50	55	65	75
基本承载力(kPa)	100	90	80	70	60	50	40

附录C　桩基承载力参数表

表C　预制桩、灌注桩桩侧极限摩阻力标准值 f_s 与桩端极限端阻力标准值 f_p

土层编号	土层名称	埋藏深度（m）	静探比贯入阻力 p_s	预制桩		灌注桩	
			（MPa）	F_s（kPa）	f_p（kPa）	f_s（kPa）	f_p（kPa）
②	褐黄～灰黄色黏性土	0～4	0.9～1.5	15	—	15	—
	灰色黏质粉土	4～15	1.0～2.0	20～40	500～1 000	15～30	—
	灰色砂质粉土	4～15	1.5～4.0	30～50	1 000～2 000	25～40	600～800
	灰色粉砂	4～15	3.0～6.0	40～60	2 000～3 000	30～45	700～900
③	灰色淤泥质粉质黏土	4～15	0.5～0.7	15～30	200～500	15～25	150～300
	灰色粉性土、粉砂	4～15	1.5～4.0	35～55	1 500～2 500	30～45	800～1 000
④	灰色淤泥质黏土	4～20	0.4～0.8	15～35	200～700	15～30	150～250
⑤$_1$	褐灰色黏性土	20～35	0.8～1.5	35～60	700～1 200	30～45	350～650

续表C

土层编号	土层名称	埋藏深度（m）	静探比贯入阻力 p_s（MPa）	预制桩 F_s（kPa）	预制桩 f_p（kPa）	灌注桩 f_s（kPa）	灌注桩 f_p（kPa）
⑤$_2$	灰色粉性土	20～35	3.0～6.0	50～70	2 000～3500	40～60	850～1 250
⑤$_2$	灰色粉砂	20～35	5.0～8.0	70～90	4 000～6 000	55～70	1 250～1 700
⑤$_3$	灰～褐灰色黏性土	25～40	1.2～2.0	50～70	1 200～2 000	45～60	450～750
⑤$_4$	灰绿色黏性土	36～45	2.0～4.0	65～80	2 000～3500	45～65	800～1 000
滨海平原区 ⑥	暗绿～草黄色黏性土	22～26	2.0～3.0	60～80	1 500～2 500	50～60	750～1 000
滨海平原区 ⑥	暗绿～草黄色黏性土	26～30	2.5～3.5	80～100	2 000～3500	60～80	1 000～1 200
湖沼平原Ⅰ-1区 ⑥$_1$	暗绿～草黄色黏性土	4～10	2.0～3.5	50～70	1 500～2 500	40～55	750～1 000
湖沼平原Ⅰ-1区 ⑥$_1$	暗绿～草黄色黏性土	10～20	1.5～2.5	45～60	1 200～2 000	35～45	600～1 000
湖沼平原Ⅰ-1区 ⑥$_2$	黄～灰色粉性土、粉砂	7～15	3.0～10.0	40～70	2 000～4 000	30～55	800～1 500
湖沼平原Ⅰ-1区 ⑥$_2$	黄～灰色粉性土、粉砂	15～22	10.0～15.0	70～90	4 000～6 000	55～70	1 500～2 000
湖沼平原Ⅰ-1区 ⑥$_3$	灰色黏性土	12～25	0.9～1.8	40～60	800～1 500	30～45	400～600
湖沼平原Ⅰ-1区 ⑥$_4$	灰绿、暗绿、草黄色黏性土	20～30	1.8～4.0	60～80	1 800～3 000	45～65	900～1 200

续表C

土层编号	土层名称	埋藏深度（m）	静探比贯入阻力 p_s	预制桩		灌注桩	
			（MPa）	F_s（kPa）	f_p（kPa）	f_s（kPa）	f_p（kPa）
⑦$_1$	草黄～灰色粉性土、粉砂	30～45	5.0～11.0	70～100	4 000～6 000	55～75	1 250～1 700
⑦$_2$	灰色粉细砂	35～60	10.0～25.0	100～120	6 000～8 000	55～80	1 700～2 550
⑧$_1$	灰色黏性土	40～55	1.2～2.0	55～70	1 000～2 000	50～65	800～1 250
⑧$_2$	灰色粉质黏土、粉砂互层	50～65	3.0～6.0	65～80	2 500～4 000	60～75	1 250～1 700
⑨	灰色砂土	60～100	10.0～25.0	110～120	8 000～10 000	70～90	2 100～3 000

附录D 地下水、土侵蚀性和腐蚀性的判别标准

表D-1 按环境类型水和土对混凝土的腐蚀性评价

腐蚀等级	腐蚀介质	环境类型	
		Ⅱ	Ⅲ
微 弱 中 强	硫酸盐含量 SO_4^{2-} (mg/L)	<300 300～1 500 1 500～3 000 >3 000	<500 500～3 000 3 000～6 000 >6 000
微 弱 中 强	镁盐含量 Mg^{2+} (mg/L)	<2 000 2 000～3 000 3 000～4 000 >4 000	<3 000 3 000～4 000 4 000～5 000 >5 000
微 弱 中 强	铵盐含量 NH_4^+ (mg/L)	<500 500～800 800～1 000 >1 000	<800 800～1 000 1 000～1 500 >1 500
微 弱 中 强	苛性碱含量 OH^- (mg/L)	<43 000 43 000～57 000 57 000～70 000 >70 000	<57 000 57 000～70 000 70 000～100 000 >100 000
微 弱 中 强	总矿化度 (mg/L)	<20 000 20 000～50 000 50 000～60 000 >60 000	<50 000 50 000～60 000 60 000～70 000 >70 000

注：1 在弱透水土层中宜按Ⅲ类环境评价，在强透水土层中宜按Ⅱ类环境评价。
2 表中数值适用于有干湿交替作用的情况，Ⅱ类腐蚀环境无干湿交替作用时，表中硫酸盐含量数值应乘以1.3的系数。
3 表中数值适用于水的腐蚀性评价，对土的腐蚀性评价，应乘以1.5的系数；单位以mg/kg表示。
4 表中苛性碱(OH^-)含量(mg/L)应为NaOH和KOH中的OH^-含量(mg/L)。

表 D-2 按地层渗透性水和土对混凝土的腐蚀性评价

腐蚀等级	pH 值		侵蚀性 CO_2(mg/L)		HCO_3^- (mmol/L)
	A	B	A	B	A
微	>6.5	>5.0	<15	<30	>1.0
弱	6.5~5.0	5.0~4.0	15~30	30~60	1.0~0.5
中	5.0~4.0	4.0~3.5	30~60	60~100	<0.5
强	<4.0	<3.5	>60	—	—

注:1 表中 A 是指直接临水或强透水层中的地下水;B 是指弱透水层中的地下水。强透水层是指碎石土和砂土;弱透水层是指粉性土和黏性土。
2 HCO_3^- 含量是指水的矿化度低于 0.1 g/L 的软水时,该类水质 HCO_3^- 的腐蚀性。
3 土的腐蚀性评价只考虑 pH 值指标;评价其腐蚀性时,A 是指强透水土层;B 是指弱透水土层。

表 D-3 水和土对钢筋混凝土结构中钢筋的腐蚀性评价

腐蚀等级	水中的 Cl^- 含量(mg/L)		土中的 Cl^- 含量(mg/kg)	
	长期浸水	干湿交替	A	B
微	<10 000	<100	<400	<250
弱	10 000~20 000	100~500	400~750	250~500
中	—	500~5 000	750~7 500	500~5 000
强	—	>5 000	>7 500	>5 000

注:表中 A 是指地下水位以上的碎石土、砂土,稍湿的粉性土,坚硬、硬塑的黏性土;B 是湿、很湿的粉性土,可塑、软塑、流塑的黏性土。

表 D-4 水对钢结构的腐蚀性评价

腐蚀等级	pH 值,($Cl^-+SO_4^{2-}$)含量(mg/L)
弱	pH 3~11,($Cl^-+SO_4^{2-}$)<500
中	pH 3~11,($Cl^-+SO_4^{2-}$)≥500
强	pH<3,($Cl^-+SO_4^{2-}$)任何浓度

注:1 表中是指氧能自由溶入的水。
2 本表也适用于钢管道。
3 若水的沉淀物中有褐色絮状物沉淀(铁)、悬浮物中有褐色生物膜、绿色丛块,或有硫化氢臭,应作铁细菌、硫酸盐还原细菌的检查,查明有无细菌腐蚀。

表 D-5 土对钢结构的腐蚀性评价

腐蚀等级	pH	氧化还原电位 (mV)	视电阻率 (Ω·m)	极化电流密度 (mA/cm^2)	质量损失 (g)
微	>5.5	>400	>100	<0.02	<1
弱	5.5～4.5	400～200	100～50	0.02～0.05	1～2
中	4.5～3.5	200～100	50～20	0.05～0.20	2～3
强	<3.5	<100	<20	>0.20	>3

注：1 土对钢结构的腐蚀性评价，应结合地下水水质分析资料，综合判定腐蚀等级。

2 视电阻率指标不适用于高强度电磁环境条件下土对钢结构的腐蚀性评价。对工程建设及营运中显著改变电磁场的区域，需对建筑材料的腐蚀性作专题研究。

表 D-6 化学侵蚀环境下环境水、土对混凝土侵蚀类型和侵蚀程度的判定

侵蚀类型	环境条件	环境作用等级			
		H1	H2	H3	H4
硫酸盐侵蚀	环境水中 SO_4^{2-} 含量(mg/L)	200≤SO_4^{2-}≤1 000	1 000<SO_4^{2-}≤4 000	4 000<SO_4^{2-}≤10 000	10 000<SO_4^{2-}≤20 000
	强透水性环境土中 SO_4^{2-} 含量(mg/kg)	300≤SO_4^{2-}≤1 500	1 500<SO_4^{2-}≤6 000	6 000<SO_4^{2-}≤15 000	15 000<SO_4^{2-}≤30 000
	弱透水性环境土中 SO_4^{2-} 含量(mg/kg)	1 500≤SO_4^{2-}≤6 000	6 000<SO_4^{2-}≤15 000	SO_4^{2-}>15 000	—
酸性侵蚀	环境水中的 pH 值	5.5≤pH≤6.5	4.5≤pH<5.5	4.0≤pH<4.5	—
二氧化碳侵蚀	环境水中侵蚀性 CO_2 含量(mg/L)	15≤CO_2≤40	40<CO_2≤100	CO_2>100	—
镁盐侵蚀	环境水中 Mg^{2+} 含量(mg/L)	300≤Mg^{2+}≤1 000	1 000<Mg^{2+}≤3 000	Mg^{2+}>3 000	—

注：1 强透水性环境土是指碎石类土和砂土，弱透水性环境土是指粉土和黏性土。

2 当环境中存在酸雨时，按酸性水侵蚀考虑，但相应作用等级可降一级。

3 水和土中侵蚀性离子浓度的测定方法应符合现行行业标准《铁路工程水质分析规程》TB 10104 和《水电工程地质勘察水质分析规程》NB/T 35052 的规定。

表 D-7　氯盐环境下环境水、土对钢筋混凝土中钢筋的腐蚀性判定

侵蚀类型	环境条件	环境作用等级		
		L1	L2	L3
氯盐侵蚀	环境水中的 Cl^- 含量(mg/L),并有干湿交替	$100 \leqslant Cl^- \leqslant 500$	$500 \leqslant Cl^- < 5\,000$	$Cl^- > 5\,000$
	环境土中的 Cl^- 含量(mg/kg),并有干湿交替	$150 \leqslant Cl^- \leqslant 750$	$750 < Cl^- \leqslant 7\,500$	$Cl^- > 7\,500$

注:水和土中氯离子浓度的测定方法应符合现行行业标准《铁路工程水质分析规程》TB 10104 和《水电工程地质勘察水质分析规程》NB/T 35052 的规定。

表 D-8　盐类结晶破坏环境下环境水、土对混凝土侵蚀性判定标准

侵蚀类型	环境条件	环境作用等级			
		Y1	Y2	Y3	Y4
盐类结晶侵蚀	环境水中 SO_4^{2-} 含量(mg/L)	$200 \leqslant SO_4^{2-} \leqslant 500$	$500 < SO_4^{2-} \leqslant 2\,000$	$2\,000 < SO_4^{2-} \leqslant 5\,000$	$5\,000 < SO_4^{2-} \leqslant 10\,000$
	环境土中 SO_4^{2-} 含量(mg/kg)	$300 \leqslant SO_4^{2-} \leqslant 750$	$750 < SO_4^{2-} \leqslant 3\,000$	$3\,000 < SO_4^{2-} \leqslant 7\,500$	$7\,500 < SO_4^{2-} \leqslant 15\,000$

注:水和土中硫酸盐离子浓度的测定方法应符合现行行业标准《铁路工程水质分析规程》TB 10104 和《水电工程地质勘察水质分析规程》NB/T 35052 的规定。

由于市域铁路工程的结构类型大体可归属为铁路和建筑两大行业,两大行业设计采用不同的混凝土结构耐久性设计规范,因此两大行业环境水、土侵蚀性的判别标准不同。

对于市域铁路的车站、车辆基地、配套设施等房屋建筑工程的环境水、土的腐蚀性评价应符合本附录表 D-1～表 D-5 的规定。表 D-1～表 D-5 摘录于现行国家标准《岩土工程勘察规范》GB 50021 及上海市工程建设规范《岩土工程勘察规范》DGJ 08—37。

市域铁路工程中路基、桥涵、隧道等线路工程环境水、土侵蚀性的判别标准应符合本附录表 D-6～表 D-8 的规定。表 D-6～表 D-8 摘录于现行行业标准《铁路工程地质勘察规范》TB 10012 及《铁路混凝土结构耐久性设计规范》TB 10005。

附录E 隧道围岩分级

表E 隧道围岩分级

围岩级别	围岩主要工程地质条件		围岩开挖后的稳定状态（单线）	围岩弹性纵波波速 v_p（km/s）
	主要工程地质特征	结构形态和完整状态		
Ⅳ	1. 具压密或成岩作用的黏性土、粉土及碎石土； 2. 一般钙质或铁质胶结的碎石土、粗角砾土、粗圆砾土、大块石土	1. 呈大块状压密结构； 2. 呈巨块状整体结构	拱部无支护时可产生较大坍塌，侧壁有时失去稳定	1.5～3.0
Ⅴ	土体：一般第四系的坚硬、硬塑的黏性土、稍密及以上、稍湿或潮湿的碎石土，圆砾土、角砾土、粉土	非黏性土呈松散结构，黏性土	围岩易坍塌，处理不当会出现大坍塌，侧壁经常小坍塌；浅埋时易出现地表下沉（陷）或塌至地表	1.0～2.0
Ⅵ	土体：软塑状黏性土、饱和的粉土和砂类等土	黏性土呈易蠕动的松软结构，砂性土呈潮湿松散结构	围岩极易坍塌变形，有水时土砂常与水一齐涌出，浅埋时易塌至地表	<1.0（饱和状态的土<1.5）

附录 F 岩土工程施工工程分级

表 F 岩土工程施工工程分级

等级	类别	岩土名称及特征	钻 1 m 所需的时间			开挖方法
			液压凿岩台车、潜孔钻机（净钻分钟）	手持风枪湿式凿岩合金钻头（净钻分钟）	双人打眼（工日）	
Ⅰ	松土	砂类土，种植土，未经历压实的填土	—	—	—	用铁锹挖，脚蹬一下到底的松散土层，机械能全部直接铲挖，普通装载机可满载
Ⅱ	普通土	硬塑和软塑的粉质黏土，硬塑和软塑～流塑的黏土，粉土，稍密、中密的细角砾土、细圆砾土，松散的粗角砾土、碎石土、粗圆砾土，压密的填土	—	—	—	部分用镐刨松，再用锹挖，脚蹬锹数次才能挖动。挖掘机、带齿尖口装载机可满载、普通装载机可直接铲挖，但不能满载
Ⅲ	硬土	坚硬的黏性土，稍密、中密粗角砾土、碎石土、粗圆砾土，密实的细圆砾土、细角砾土，各种风化成土状的岩石	—	—	—	必须用镐先全部刨过才能用铁锹挖。挖掘机、带齿尖口装载机不能满载、大部分采用松土器松动方能铲挖装满

本规范用词说明

1　为便于在执行本规范条文时区别对待，对要求严格程度不同的用词说明如下：

1）表示很严格，非这样做不可的用词：

正面词采用“必须”；

反面词采用“严禁”。

2）表示严格，在正常情况均应这样做的用词：

正面词采用“应”；

反面词采用“不应”或“不得”。

3）表示允许稍有选择，在条件许可时首先应这样做的用词：

正面词采用“宜”或“可”；

反面词采用“不宜”或“不可”。

2　条文指定应按其他有关标准、规范执行时，写法为“应符合……的规定”或“应按……执行”。

上海市交通运输行业协会团体标准

上海市域铁路岩土工程勘察规范(试行)

T/SHJX 0014—2020

条文说明

2021 上海

目　次

1 总　则

1.0.1 为满足上海市域铁路建设和发展需要，满足设计和施工需要，编制一部体现上海地区特色的勘察规范来指导市域铁路勘察工作是非常必要的。本规范是在借鉴市域铁路、城际铁路、上海城市轨道交通的建设、勘察、设计、运营实践经验和相关科研成果的基础上编制而成的。

1.0.2 上海和国家现行规范都没有相关市域铁路工程的勘察要求，本规范的制定，可为市域铁路工程勘察工作提供充分的依据。

1.0.3 市域铁路工程建设必须遵循《建设工程勘察设计管理条例》（国务院第293号令）的规定：先勘察，后设计，再施工。

1.0.5 市域铁路勘察工作不仅应满足本规范的要求，还应满足国家、行业和本市现行相关规范要求，尤其是强制性条文的要求。

3 基本规定

3.1 一般规定

3.1.1 市域铁路勘察阶段应与可行性研究、初步设计和施工图设计三个设计阶段相对应，按可行性研究勘察、初步勘察和详细勘察分阶段进行勘察工作，提供不同阶段设计所需地质资料。不要超阶段进行勘察工作，避免返工造成勘察工作量浪费。由于自然界地质现象的复杂性和不确定性，以点带面的工程地质勘探所揭示的地质信息具有局限性，工程地质资料不可能完全如实地反映工程地质条件和准确地预见施工中可能出现的地质问题。当施工阶段出现地质异常、设计方案或施工方案重大变更以及施工方法、施工工艺有特殊要求且已有地质资料不能满足要求时，施工阶段应开展施工勘察。

3.1.2 由于场地工程地质、水文地质、不良地质和特殊性岩土的复杂性，遇到常规勘察未能解决的工程地质问题时，应采用针对性的勘察手段，对某一地质条件进行专项勘察。

3.1.5 浅层勘探一般采用小螺纹孔，主要是为查明场地浅层地质条件，如明浜、暗浜、填土等分布特征和性状。

3.2 勘察等级

3.2.3 对建筑抗震不利地段和危险地段的划分，应按现行国家标准《建筑抗震设计规范》GB 50011 和上海市工程建设规范《岩土工程勘察规范》DGJ 08—37 的规定综合确定。

3.3 勘察纲要

3.3.1～3.3.5 市域铁路工程各勘察阶段具有不同的勘察目的、任务及勘察精度，因此各勘察阶段工作开始前应依据勘察规范、工程地质条件、各类工程设置及技术要求等分阶段编制具针对性的岩土工程勘察纲要。批准后的岩土工程勘察纲要是勘察单位的主要工作依据，是勘察工作重要的指导性文件，也是建设单位及勘察监理单位监督勘察单位工作的依据。

岩土工程勘察纲要的主要内容应包括勘察工作的内容、方法和技术要求，各类工程及不良地质、特殊岩土的勘察原则，勘察质量及安全保障措施、组织机构、人员及设备配置、计划进度安排及预计主要工作量等。

岩土工程勘察纲要是依据现场踏勘或前一阶段所完成勘察工作对本阶段勘察工作的计划安排。随勘察的深入，当场地地质条件、设计方案等发生变化时，勘察纲要也须根据变化情况进行符合实际情况的调整。

4 岩土分类

4.1 土的分类

4.1.1～4.1.2 土层的定名与划分应根据具体工程的地基土情况经综合分析后确定:当土性比较均一时,宜按土试成果定名;当土性差异较大时,宜综合野外编录和原位测试成果定名。对⑤$_1$层和⑧层土定名时,应予以谨慎考虑,部分区段⑤$_1$层以黏土夹薄层粉砂形式出现,土试成果可能定名为淤泥质粉质黏土,但当 $P_s>$ 1.0 MPa 时,土层定名可不冠以"淤泥质";第⑧层为正常固结土至轻度超固结土,一般不冠以"淤泥质"。

4.2 岩石的分类

4.2.1～4.2.2 上海地区除了松江和金山的少数剥蚀残丘有基岩露头外,覆盖了巨厚的第四系松散沉积物,市区基岩埋深一般为 200 m～300 m。市域铁路建设局部涉及剥蚀残丘地貌揭露岩石时,分类及定名应符合现行国家标准《岩土工程勘察规范》GB 50021 及其他有关标准的规定。

5 可行性研究勘察

5.1 一般规定

5.1.1,5.1.2 可行性研究勘察是市域铁路工程建设的一个重要环节。市域铁路工程在规划可研阶段,就需要考虑众多的影响和制约因素,如城市发展规划、交通方式、预测客流、地质条件、环境设施、施工难度等。这些因素是确定线路走向、埋深和工法时应重点考虑的内容。

制约线路敷设方式、工期、投资的地质因素主要为不良地质作用、特殊性岩土和线路控制节点的工程地质和水文地质问题。因此,这些地质问题是可行性研究勘察的重点。

5.1.3 市域铁路工程设计影响因素多,仅靠收集资料来编制可研勘察报告难以满足设计要求。因此,强调应进行必要的现场勘探、测试和试验工作。

5.2 目的和任务

5.2.2 市域铁路为线状工程,不良地质、特殊岩土以及重要的工程周边环境决定了工程线路敷设形式、线路走向等方案的可行性,并影响着工程的造价、工期及施工安全。

5.3 勘察要求

5.3.2 可行性研究勘察所依据的线路方案一般都不稳定,并且各地的场地复杂程度、线路的城市环境也不同，故可行性研究阶段勘探点间距需要根据场地条件灵活掌握，并尽量收集利用已有资料。

6 初步勘察

6.3 路基、涵洞工程

6.3.1 目前尚无明确的规范或规程界定一般路基工程的概念，只是在实际勘察过程中，指地质条件相对单一、无特殊地质条件、填挖相对不大、无需进行地基处理或挡护等其他措施的路基工程。本条规定了路基工程地质勘察的基本要求和内容，并对支挡工程的勘察作了针对性的规定。

6.5 隧道工程

6.5.1 上海地区隧道工程施工方法一般有明挖法、盾构法和沉管法，而沉管法一般在宽度较大的公路隧道运用较多，故本规范未将沉管法隧道列入。若市域铁路隧道采用沉管法施工，其勘察要求可参照现行上海市工程建设规范《岩土工程勘察规范》DGJ 08—37 相关规定执行。

6.5.4 随着上海市地下空间的开发利用，工程建设中基坑开挖深度和盾构隧道埋深越来越深。根据基坑开挖深度或盾构直径确定的勘探孔深度可能进入⑨层以下，导致勘探孔深度偏深。遇此类情况可与设计协商，在满足设计要求的前提下孔深可适当减浅；但对基坑工程一般不宜小于 2.5 倍的基坑开挖深度或盾构底板以下 2 倍盾构直径。另对矩形盾构法隧道，隧道直径可按隧道宽度计取。

6.6 车站工程

6.6.3 随着上海市地下空间的开发利用，工程建设中基坑开挖深度越来越深，根据基坑开挖深度确定的勘探孔深度可能进入⑨层以下，导致勘探孔深度偏深。遇此类情况可与设计协商，在满足设计要求的前提下孔深可适当减浅，但一般不宜小于 2.5 倍的基坑开挖深度，且满足不同基础类型及施工工法对孔深的要求。

6.6.4 高架车站房屋建筑的勘探工作布置、测试工作除应符合本条规定外，尚应符合现行国家标准《岩土工程勘察规范》GB 50021 和上海市工程建设规范《岩土工程勘察规范》DGJ 08—37 的有关规定。

6.7 车辆基地

随着城市用地日趋紧张，对车辆基地用地的再开发已成趋势。车辆基地考虑开发需求时，有整体下沉式、整体高架式、上盖开发式等多种建设形式，存在建筑结构上铺设轨道，及在路基间设置基础等情况。因此，车辆基地的初勘工作应在场地控制的基础上结合建(构)筑物布置。同时，建筑结构上的无砟轨道工后允许差异沉降为 10 mm～15 mm，对建筑结构的差异沉降要求更加严格，故勘探孔深度应满足差异沉降控制所需的持力层比选要求。

7 详细勘察

7.1 一般规定

7.1.5 室内常规试验指标主要是指密度、含水率、界限含水率、颗粒分析、固结、固结快剪等；室内特殊试验指标主要是指渗透、无侧限抗压强度、三轴压缩、慢剪、击实、固结系数、先期固结压力、回弹模量、静止侧压力、基床系数、热物理性等。

7.3 路基、涵洞工程

7.3.1 挡土墙及其他支挡建筑物是确保路堤等边坡稳固的重要措施，当路堤边坡稳固条件较差或场地条件受限，需要设置支挡建筑物时，勘察工作可在详细勘察阶段结合路基工程勘察同时进行。

支挡结构发展较快，锚杆、锚索、桩基已普遍用于路基支挡工程。这类支挡工程勘探不同于挡墙工程的地基勘探。锚杆、锚索工程主要是查明被锚固地层岩性的物理力学性质，为锚固工程设置提供依据，勘探点的布置和勘探深度要结合锚固范围及地层岩性确定；桩基勘探要按其受力情况确定。无论何种支挡建筑的工程勘探测试，都以满足工程设计为原则。为保障支挡结构设计，并能控制住场地地质条件，提出了必须有勘探测试点的勘探要求。

7.3.4 路基段控制勘探孔深度的重要影响因素是工程建设对路基工后沉降量的要求。工后沉降量与上部荷载（路堤高度）、地基的地质条件和压缩层厚度密切相关。路基设计要求勘探深度要在检算深度以下 5 m～10 m。一般地区填土高度为 4 m 时，检算的深度达

25 m～35 m。地基地质条件好，如为碎石类土或基岩时，勘探深度可适当减小；当地基为沉降较大的一般土或软土时，勘探深度需加深。

7.4 桥梁工程

7.4.1 本条根据高架工程大多采用桩基的特点规定了在详细勘察阶段对桩基工程需要重点勘察的要求。需要注意的是，高架线路桩基设计依据的规范主要有现行行业标准《铁路桥涵设计基本规范》TB 10002.1 和《建筑桩基技术规范》JGJ 94。勘察时，应根据设计单位选用的规范，并结合上海经验提出桩基设计参数。

7.4.2 "墩"是指联系梁与梁之间的支撑体，其下部由 1 个或 2 个以上承台组成。勘察时，宜根据承台尺寸、数量及平面位置布置勘探孔。

7.4.5 一般性桥梁波速试验孔孔深应等于勘探孔孔深；对于特大桥等，如需进行时程分析的桥梁，则波速孔孔深不宜小于 100 m。

7.5 隧道工程

7.5.3 当明挖法隧道总宽度大于等于 15 m 时，宜沿其两侧结构边线分别布置勘探孔，孔距宜为 20 m～35 m，是指隧道单侧实际孔距。

7.5.4 考虑上、下行隧道内净距和外边线总宽度的因素确定勘探孔布置，是为了有效限定采用轴线投影法的范围。

7.5.5 市域铁路中间井一般埋深大，考虑到其重要性，故要求布置不宜少于 4 个勘探孔。对过渡段中间井，其井尺寸和埋深相对较小，勘探孔可适当减少，但盾构进出洞位置应布置横剖面。

7.6 车站工程

7.6.3 随着上海市地下空间的开发利用，工程建设中基坑开挖深度越来越深，根据基坑开挖深度确定的勘探孔深度可能进入⑨层以下，特别是可能导致控制性孔的深度偏深。遇此类情况，可与设计协商，在满足设计要求的前提下孔深可适当减浅，但一般不宜小于2.5倍的基坑开挖深度，且满足不同基础类型及施工工法对孔深的要求。

车站的浅层勘察（探明暗浜、暗塘）十分重要，但许多位于城市中心的车站，小螺纹难以实施，本条规定可采用螺纹孔、浅层物探或搜集历史河流资料等综合勘探方法探明暗浜的分布。

7.6.4 高架车站房屋建筑的勘探工作布置、测试工作除符合本条规定外，尚应符合现行国家标准《岩土工程勘察规范》GB 50021和上海市工程建设规范《岩土工程勘察规范》DGJ 08—37的有关规定。

7.7 车辆基地

7.7.4 车辆基地用地再开发时，车辆基地内可能存在深大基坑工程、大跨度平台工程以及大跨度建筑工程等。在车辆基地勘察中，应根据建筑性质、结构形式、荷载、基坑深度等综合确定勘察方案。根据以往上盖开发工程经验，上盖开发时单柱荷载的提高幅度较大，故应避免因荷载预估不足引起的勘探孔深度不足的问题。

7.8 大型临时工程

7.8.2 大型临时工程的勘察应与设计阶段相适应，在项目初步设计阶段为大临工程选址阶段，应据现行行业标准《铁路大型临时工程和过渡工程设计规范》Q/CR 9149“铁路大型临时工程选址阶段宜利用邻近线路的地质资料，必要时应另行开展地质调绘。铁路大型临时工程实施前应取得可靠的地质资料”执行。

7.8.3 施工图设计阶段，设计需对大型临时工程进行设计并提供大型临时工程概算，施工阶段施工单位一般会根据其具体使用情况，对大型临时工程的工点布置进行调整。因此，本阶段的大型临时工程应按场地布置，以满足确定基础形式、地基处理方式和工程造价为原则，避免勘察工作的浪费。

施工阶段，勘探点沿制(存)构件台座、龙门吊基础等布置；对拟采用桩基础的构筑物，勘探孔间距宜为 20 m～35 m；对拟采用天然地基或地基处理的构筑物，勘探孔间距宜为 30 m～50 m；当地基土分布复杂，宜适当加密勘探孔。天然地基工程的勘探孔深度应满足天然地基沉降验算要求；桩基工程一般性勘探孔不小于桩端以下 3 m～5 m，控制性勘探孔深度满足桩基沉降验算要求；地基处理时，勘探孔深度应根据地质条件、处理方式、处理深度、沉降验算等要求综合确定。

7.8.4 大型临时工程多采用浅基础、地基处理等，表层地基土对大型临时工程影响较大。因此，应加强收集地形历史变更资料，及对明浜、暗浜、厚填土的调绘工作。

8 施工勘察

8.1 一般规定

8.1.1 市域铁路工程尤其是地下工程施工周期长，工法复杂，施工中的岩土工程风险高，应重视施工阶段的地质超前预报和施工勘察工作。应根据施工中出现的工程地质问题、新工艺工法要求等及时补充完善相应地质资料和相关岩土参数，为施工方案调整和工程风险控制提供依据。

8.1.2 施工期间，应核查开挖后的工程地质情况，对受地质条件控制和地质条件复杂地段，需要完善和修正的，必要时应进行补充勘察工作；对施工过程中出现地质异常变化、施工方案有较大变更、工程环境问题等，应进行施工专项勘察。

1 施工揭露未探明的暗浜等不良地质，或揭露的地层分布变化大，出现新的含水层等与详勘报告不符的岩土条件时，应及时进行施工勘察，补充完善相应地质资料和相关岩土参数。

2 应深入研究新技术、新工艺、新方法、新材料的工程特点，有针对性地展开施工勘察工作。

3 施工期间，由于周边工程建设引起的地下水位变化过大、周边给排水管道渗漏，或临岸工程由于地下工程开挖与降水诱发地表水侧向补给等，均会对地下工程施工安全造成影响。施工期间，应加强周边环境的调查，并根据调查结果进行相应的施工勘察。

4 当地下工程施工过程中出现支护结构变形过大、开裂，基坑或隧道出现涌水、坍塌和失稳等意外情况，或发生地面沉降过大等岩土工程问题时，应查明险情段及相邻地段工程地质、水文地质情况，为工程抢险和恢复施工提供依据。

5 根据设计、施工要求，结合既有勘察资料，有针对性地展开施工勘察工作。

6 路基、桩基、天然地基及其他工程等施工、检测中出现承载力或变形不满足要求、沉（成）桩异常等，需要进行施工勘察验证。

8.2 勘察要求

8.2.1 施工阶段勘察应重点收集以下资料，并进行分析研究，为施工勘察方案布置提供依据：

1 结合施工方案、已有地质资料，重点是不良地质、特殊性岩土、对工程有明显影响的地下水及地质复杂地段，分析预测施工中的主要岩土工程问题及工程风险。

2 周边环境条件变化、水文地质条件变化会诱发新的岩土工程问题和工程风险，施工勘察期间应予以复核，分析评价其对工程的影响和危害。

3 分析研究已有工程检测、监测和观测资料，核实基坑或基槽开挖地质条件及地质异常情况，分析其产生的原因及发展趋势、可能造成的影响，明确施工勘察需解决的主要岩土工程问题。

8.2.2 施工勘察应根据场地具体岩土工程问题及其复杂程度、已有勘察工作和场地条件，有针对性地布置勘察测试、试验，为施工方案调整和工程风险控制、应急抢险等提供充分的地质依据和岩土参数。

8.2.3 施工勘察是专门为解决施工中出现的具体问题而进行的勘察，故施工勘察的分析评价提出的岩土参数、工程处理措施建议应具有针对性。

9　场地和地基的地震效应

9.1　一般规定

9.1.1　上海地区的抗震设防烈度、设计基本地震加速度、设计地震分组应执行现行国家标准《建筑抗震设计规范》GB 50011 和《中国地震动参数区划图》GB 18306 的相关规定，各类场地的特征周期和地震影响系数宜执行现行上海市工程建设规范《建筑抗震设计规程》DGJ 08—9 的相关规定。

9.1.4　市域铁路工程的结构类型一般可分为铁路和建筑两大类，其对岩土工程设计参数的选取有一定的差异，岩土工程勘察时需要根据设计单位的要求参照相应的规范提供设计参数。

一般路基、隧道、桥梁、高架车站“建桥分离”的线路等岩土设计参数参照现行的铁路行业规范；建筑、房屋等其他结构参照现行建筑行业规范。市域铁路工程沿线场地和地基地震效应的岩土工程评价，需要采用和设计相同行业类别的抗震设计规范。

9.2　场地类别

9.2.2　上海地区虽属于软土地区，但由于不需要考虑 7 度条件下的软土震陷问题，可作为抗震一般地段。上海地区主要不利地段为临岸场地、液化场地、大面积暗浜场地、大面积新近堆积的场地等。若此类场地经处理后对工程基本无影响时，可按抗震一般地段考虑(如液化场地中液化土经处理后不液化；挖除或虽未处理但位于盾构隧道顶板上部且有一定的距离；大面积暗浜场地中暗浜土全部挖除换填或采用桩基础等)。

9.3 地基液化判别

本规范仅参照现行上海市工程建设规范《岩土工程勘察规范》DGJ 08—37 对地基液化判别作出相应规定;对线路工程的地基液化判别可执行现行国家标准《铁路工程抗震设计规范》GB 50111 的有关规定。

10 不良地质

10.3 暗 浜

10.3.2 若遇大面积暗浜,必要时辅以工程物探手段,如浅层地震、高密度电法等。

10.4 浅层气

10.4.2 浅层气的专项勘察需查明下列内容:

1 气源层的埋深、厚度、分布范围和物理化学特征。

2 浅层气生成、储藏和保存条件,确定储气层的物理化学特征、埋深、厚度、分布范围。

3 浅层气的成分、气体压力、流量。

4 地下水水位与变化幅度、补给、径流、排泄条件,含水层分布位置、空隙率与渗透性,地下水与浅层气的共存关系。

11　特殊性岩土

11.2　填　土

填土的均匀性、压缩性、密实度等差异性较大，在难以定量评价其特性时，应进行定性分析评价，提出对填土的处理措施的建议。同时，填土往往还具有颗粒粒径大、孔隙率大、透水性极强的特点，对市域铁路的基坑开挖、地下连续墙成槽、盾构施工、防水和防渗措施、隧道围岩的稳定性等影响极大，勘察评价时应引起高度的重视。

11.3　软　土

11.3.2　勘探手段以钻探取样与静力触探相结合为原则；在软土地区用静力触探孔取代相当数量的勘探孔，不仅减少钻探取样和土工试验的工作量、缩短勘察周期，而且可以提高勘察工作质量。静力触探是软土地区十分有效的原位测试方法。

11.4　污染土

11.4.2　污染土的专项勘察和评价应包括下列内容：

1　查明污染前后土的物理力学性质、矿物成分和化学成分等。

2　查明污染源、污染物的化学成分、污染途径、污染史等。

3　查明污染土对金属和混凝土的腐蚀性。

4 查明污染土的分布及污染程度。

5 查明地下水的分布、运动规律及其与污染作用的关系。

6 查明污染土的力学参数，评价污染土地基工程特性。

7 提出污染土的处理建议。

12 地下水

12.1 一般规定

12.1.1 上海地区与工程建设密切相关的地下水主要为第四系地层中的潜水、微承压水和承压水。潜水赋存于浅部地层中，潜水水位埋深一般为 0.3 m～1.5 m，水位受降雨、潮汛、地表水及地面蒸发的影响有所变化，年平均水位埋深一般为 0.5 m～0.7 m；当大面积填土时，潜水位会随地面标高的升高而上升。

微承压水赋存于全新统地层中下部的粉性土或砂土中，呈不连续分布，局部与承压水连通，其水位低于潜水位，呈周期性变化，水位埋深约 3 m～11 m。承压水赋存于上更新统地层中的粉性土或砂土中，其水位低于潜水位，呈周期性变化，水位埋深约 3 m～12 m，不同区域其水位有较大变化。地下水的温度，在地表下 4 m 深度范围内受气温变化影响明显，4 m 以下水温受气温变化影响小，一般为 16 ℃～20 ℃。

12.1.2 由于地下水的赋存状态是随时间变化的，不仅有年变化规律，也有长期的动态规律，但由于详细勘察阶段经常因时间紧迫，只能了解勘察期间的地下水动态，无法获取地下水长期的动态变化规律资料，因此，除要求加强对长期动态规律的资料搜集和分析工作外，还提出了设置长期观测孔的要求。

12.2 水文地质参数的测定

12.2.1 岩土工程勘察时，首先根据地层、岩性、透水性和工程重要性等条件的不同确定地下水作用的评价内容,并根据评价内容的要求,明确水文地质参数及其测定方法,可按表 1 选用。

表 1　水文地质参数测定方法

参数	测定方法
水位	钻孔、探井(坑)、测压管或水井观测
渗透系数、导水系数	抽水试验、注水试验、声呐法、室内渗透试验
给水度、释水系数	单孔抽水试验、非稳定流抽水试验、声呐法、地下水位长期观测、室内试验
越流系数、越流因数	多孔抽水试验(稳定流或非稳定流)

12.2.3　初见水位是指揭露含水层时,初始发现地下水的水面位置。由于上海地区潜水埋深较浅,初见水位较难测得,且对工程影响较小,因此本规范规定除专项水文试验外,可不测量初见水位。稳定水位是指钻探时的水位需经过一定时间恢复至天然状态后的水位。为正确量测第一层孔隙潜水的水位,应采用干钻方法,以便正确取得初见水位和稳定水位,钻孔不宜钻到下部承压含水层。

地下稳定水位要恢复到天然状态所需时间受含水层的透水性能影响很大。因此,本条根据不同含水层的渗透性差异,规定了恢复到天然状态所需的最少时间。当需要编制地下水等水位线图或工期较长时,宜在勘察工程结束后统一量测稳定水位。采用泥浆钻进时,为了避免孔内泥浆的影响,需将测水管打入含水层 20 cm 方能准确地测得地下水位,或在场地范围内另外布置专门的地下水位观测孔。

12.2.4　由于指示剂法测定地下水流速会对地下水造成一定程度的污染,故本规范建议采用声呐法和充电法。如环境许可时,也可采用指示剂法测定地下水流速。

12.2.7　抽水试验是求算含水层的水文地质参数最有效的方法。岩土工程勘察一般用稳定流抽水试验即可满足要求。采用何种抽水试验方法取决于工程特点和重要性、设计和施工对水文地质参数精度的要求。由于带观测孔的稳定流抽水试验费用高又费时，因此，对一般工程（不影响施工、环境、安全为前提）和弱透水层分布场地的抽水试验可以采用简易稳定流抽水试验，进行1次～2次降深即可，所测定的水文地质参数即可满足要求。对重要工程和强透水层分布场地，采用带观测孔的稳定流抽水试验，一般宜进行3次不同水位降深，其最大的水位降深尽量接近工程设计的水位标高。在稳定时间段内，涌水量波动值不超过正常流量的5%，主孔水位波动值不超过水位降低值的1%，观测孔水位波动值不超过2 m～3 cm，则可判定水位已经稳定。抽水试验过程中，水文地质参数计算可按现行行业标准《水利水电工程钻孔抽水试验规程》SL320及《供水水文地质手册（第二版）》（地质出版社，2012）的有关规定执行。

12.2.8 钻孔法注水试验包括常水头法和变水头法，常水头法一般适用于砂、砾、卵石等强透水地层，变水头法一般适用于粉砂、黏性土等弱透水地层。由于上海地区浅部一般以粉砂、黏性土为主，故本规范建议采用钻孔变水头法进行注水试验，计算公式可参考现行上海市工程建设规范《岩土工程勘察规范》DGJ 08—37的相关公式。

12.2.10 由于孔压静力触探仪具有成孔快、操作简单、性价比高的特点，上海地区最近几年已有较多项目采用了静力触探三桥探头，能有效测定各土层孔隙水压力，因此，本规范推荐采用孔压静力触探仪进行孔隙水压力探测。

12.3 地下水评价

12.3.1 在岩土工程的勘察、设计、施工过程中，地下水的影响始终是一个极为重要的问题。但在实际工作中，因场地、施工等条件所限，往往会被忽略或简单处理。由于没有得到足够的重视，导致地下水引起的各种岩土工程问题时有发生，因此，在工程勘察中应对其作用进行预测和评估，提出评价的结论与建议。

12.3.3 由于承压水头具有周期性变化，勘察时的水位与施工期的水位并不一致，因此，对深基坑工程进行承压水基坑突涌评价时，应根据现场观测到的承压含水层的水头压力，并参考上海地区长期水位观测资料综合分析。另外，基坑突涌的因素除与水头有关外，还与承压含水层隔水顶板的土层性质、透水性、埋藏深度、厚度等情况相关。安全系数（F_S）在行业标准《建筑基坑支护技术规程》JGJ 120—2012 中取值为不小于 1.1，在上海市工程建设规范《基坑工程技术标准》DG/TJ 08—61—2018 及《岩土工程勘察规范》DGJ 08—37—2012 中取值为不小于 1.05，根据上海地区多年基坑抗承压水稳定性验算设计经验，F_S 取值 1.05 是可行的。因此，本规范在 F_S 取值时与现行上海标准中 F_S 取值保持一致，取 1.05。

12.3.6 地下水位是很重要的设计参数，勘探和调查获得的地下水位有实测水位、随季节的变幅、近年最高水位、历史最高水位等，考虑代表性和不利情形，在不同的岩土工程分析中，所选用的水位也有所差别。通常情况下，地基承载力验算和变形估算可选用实测平均水位；地基液化判别、基坑支护、降水、渗流及挖掘工程分析宜为近年最高水位；稳定性计算与地下结构抗浮分析宜采用历史最高水位等。当邻近有河流等水体且通过透水土层沟通拟建场地地下水时，最高水位也受邻近河水位的影响。另外，还需注意的是，在地下结构抗浮分析时，抗浮设计水位的确定还需考虑以下几个方面：

1 对地下水埋藏浅的滨海、滨江、滨湖等较平坦场地，地下水位埋深大于 0.5 m 场地，抗浮设防水位可考虑取地面整平标高或室外地坪设计标高下 0.5 m；地下水位埋深小于0.5 m场地，按历史最高水位考虑。

2 地下水赋存条件复杂、场地及周边地形变化幅度大、区域性补给和排水条件可能有较大改变时，综合分析确定，必要时进行专门论证。

12.3.8 上海地区属于湿润区，按国家标准判定基本为Ⅱ类环境，但根据上海地区的工程实践，上海地区弱透水土层按Ⅲ类环境较符合实际情况，但在沿海区域，由于资料不足，宜按国家标准判定。

根据上海地区经验，场地未受环境污染时，潜水和地基土一般对混凝土有微腐蚀性；当长期浸水时，潜水对混凝土中的钢筋有微腐蚀性；当干湿交替时，潜水对混凝土中的钢筋有微或弱腐蚀性；潜水对钢结构有弱腐蚀性。承压水一般对混凝土有微腐蚀性，对混凝土中的钢筋有微腐蚀性。对污染场地，应有针对性并采取至少 3 组有代表性的水样进行测试分析与评价。地下水对建筑材料的腐蚀性等级为中等及以上时，尚应进行地基土的专项测试分析。

由于市域铁路的特殊性，本规范中地下水、土对建筑材料的腐蚀性评价中增加了现行行业标准《铁路工程地质勘察规范》TB 10012 中的相关评价章节内容。

地表水样仅对距工程结构边界≤10 m 或存在水力联系通道对工程有影响的地表水段采取地表水样。

13 工程地质调绘和周边环境调查

13.1 一般规定

13.1.1 工程地质调绘是从宏观上获取地质条件的一种重要手段，也是工程地质勘察的基础工作内容，必须按照有关要求取得真实可靠的资料。通过工程地质调绘，可以掌握线路的地质复杂程度及主要工程地质问题，为线路稳定性、适宜性评价提供依据，并指导各勘察阶段的勘探与测试工作布置，有效提高勘探工作布置的针对性。一般在可行性研究勘察与初步勘察阶段就应通过工程地质调绘从总体上把握线路沿线工程地质条件，进行线路方案比选；详细勘察阶段一般不再作常规的工程地质调绘，主要针对不清楚的专门地质问题作补充地质调绘。

13.1.2 工程周边环境是制约市域铁路工程规划、设计和施工的重要影响因素，一旦对某一环境因素没有查清，可能引起线路方案、车站结构等的变更；严重时，甚至会引发工程事故和人员伤亡。由于各个设计阶段对环境调查的范围和深度要求不同，故需要分阶段开展环境调查工作，以满足各个阶段的设计要求。

13.2 工程地质调绘

13.2.1 工程地质调绘的范围应根据线路工程设置所影响的范围及对工程设置有影响的不良地质的影响范围确定。本条参照城市轨道交通工程的勘察经验给出范围确定原则。

13.2.2 本条规定了工程地质调绘的基本内容。工程地质调查与测绘的内容应与工程紧密结合。调查收集既有建(构)筑物的使用情况、地质病害、防治措施及效果,可为工程设置及不良地质的防治提供经验,应予以重视。

13.2.3 工程地质测绘的比例尺及精度,一般与市域铁路工程设计的需要和工程地质条件的复杂程度有关,同时与行业及地方建设常用地形图比例尺一致。为了达到精度要求,在测绘工作中习惯采用比提交成果图大一级的地形图作为测绘的底图,待外业完成后根据设计需要可缩成提交成果图所需要的比例尺图件。

13.2.4 工程地质调绘成果资料,一般可纳入相应的工程地质勘察报告中。对地质条件特别复杂的地段,应根据设计要求编制单独的工程地质调绘报告。如果为了解决某一专门性问题,也可编制专项用途的成果资料。

13.3 周边环境调查

本节主要借鉴了现行国家标准《城市轨道交通岩土工程勘察规范》GB 50307 的相关内容,在周边环境专项调查时,须按照要求收集重点资料。

14 勘探与取样

14.2 勘探点的定位与测量

14.2.1 考虑到市域铁路工程为规模较大的线状工程，须设置自身的精测网，勘探孔的测放须与自身的精测网相统一。采用卫星定位结合自身精测网或上海市基站的测量方法较适用于上海市域铁路工程。

14.3 钻 探

14.3.1 市域铁路工程勘察为线状工程勘察，不同于面状场地勘察，勘探点之间相互检验的作用降低，故线路工程推荐采用全断面取芯的钻进方式。车站、车辆基地等场地勘察，勘探孔较多时，可不采用全断面取芯的钻进方式。

14.3.2 厚杂填土、暗浜对工程建设存在较大风险，故对浅基础、基坑工程采用小螺纹钻查清填土、暗浜的分布是适宜的。同时，由于城市化建设，较厚的杂填土、地表硬化等问题对小螺纹钻的施工造成困难，因此，当小螺纹钻无法实施时，需通过钻探、挖探、物探、收集老地形图等手段综合探查，提供设计施工依据。当无法详细查明时，应在勘察成果中明确对工程的影响及补救措施。

14.4 取 样

取样部分主要借鉴了现行上海市工程建设规范《岩土工程勘

察规范》DGJ 08—37 的相关内容。对取样质量，上海地区经过大量工程实践检验，可以保证勘察及工程质量。

14.5 物 探

14.5.2 当需根据波速估算土层的动剪切模量 G_d 和动弹性模量 E_d 时，可按式(1)和式(2)计算：

$$G_d = \rho \cdot v_s^2 \tag{1}$$

$$E_d = 2(1+\mu)\rho \cdot v_s^2 \tag{2}$$

式中：ρ ——土的质量密度(kg/m^3)；

v_s ——剪切波速(m/s)；

μ ——土的泊松比。

15 原位测试

15.1 一般规定

15.1.1 原位测试是在土体基本不扰动的原位状态下，以一定的手段、方法探测地层分布，测定土体的物理、力学特性参数的试验技术。原位测试能更直接、客观、准确地获取工程设计和施工所需的有关参数。原位测试方法及土类适用性见表 2。

表 2 原位测试方法及土类适用性

原位测试方法＼土类	砂土	粉性土	黏性土	淤泥质土	素填土	备注
静力触探(单、双桥)	★	★	★	★	★	CPT
孔压静探	★	★	★	★	△	CPTU
标准贯入	★	★	△	△	△	SPT
轻型动探(N10)	△	△	△	△	△	DPT
重型动探(N63.5)	△	×	×	×	×	
超重型动探(N120)	×	×	×	×	×	
十字板剪切试验	×	×	△	★	△	VST
旁压试验	★	★	★	△	×	PMT
扁铲侧胀试验	△	★	★	★	△	DMT

注:“★”为适用;“△”为基本适用;“×”为不适用。

15.1.2 各种原位测试方法的测试规程、技术标准是操作安全性、数据可靠性及成果质量的基本保证，故应严格执行。

15.1.3 对量测设备应定期检验，对探头、传输电缆和记录仪应作为系统进行定期标定。校准、标定间隔时间根据各仪器要求而定，应确保使用的仪器、设备在有效期内。

15.1.4 各种原位测试所得的试验数据，造成误差的因素有测试仪器、试验条件、试验方法、操作技能、土层的不均匀性等所引起。对此，应有基本估计，并剔除异常数据，提高测试数据的精度。

15.1.5 原位测试成果往往具有区域、土类的局限，应以地区经验的积累为依据，综合评价土层特征。

15.2 静力触探试验

15.2.2 单桥、双桥探头是国内常用的静力触探探头，上海市目前使用单桥探头居多。

15.2.5

2 室内探头标定测力传感器的系统性误差一般包括非线性误差、重复性误差和滞后误差。

4 根据上海地区经验，当静力触探贯入暗绿色硬土层后，易发生静探孔偏斜及断杆事故。实际工程中，因孔斜使土层界线及贯入阻力发生偏差，影响土层埋深的判断，特别是桩基持力层层顶埋深不准确的事故较多，对工程不利影响很大。因此，强调应采取导管护壁或附加量测探头偏斜角装置。

15.2.6

1 根据需要，双桥孔压静力触探试验还可提供 $q_t \sim h$ 曲线、$f_t \sim h$ 曲线和 $B_q \sim h$ 曲线。双桥孔压探头构造见图 1。

$$q_t = q_c + u_2(1-\alpha) \tag{3}$$

$$f_1 = f_s \frac{(u_2 A_{sb} - u_3 A_{st})}{A_s} \tag{4}$$

$$B_q = \frac{u_t - u_0}{q_t - \sigma_{v0}} \tag{5}$$

式中：q_t ——真锥头阻力(经孔压修正)(kPa)；

q_c ——实测的锥尖阻力(kPa)；

u_2——在锥肩位置量测的孔隙水压力(kPa);

u_3——在套筒尾部位置量测的孔隙水压力(kPa);

α——有效面积比,$\alpha=\frac{A_s}{A_c}$,A_s、A_c 分别为顶柱和锥底的横截面积;

f_t——真侧壁摩阻力(经孔压修正)(kPa);

f_s——实测的侧壁摩阻力(kPa);

A_s——摩擦套筒的表面积(m^2);

A_{st},A_{sb}——分别为套筒顶部和底部的横截面积(m^2);

B_q——静探孔压系数;

u_t——孔压消散过程时刻 t 的孔隙水压力(kPa);

u_0——试验深度处静水压力(kPa);

σ_{v0}——试验深度处总上覆压力(kPa);

h——深度(m)。

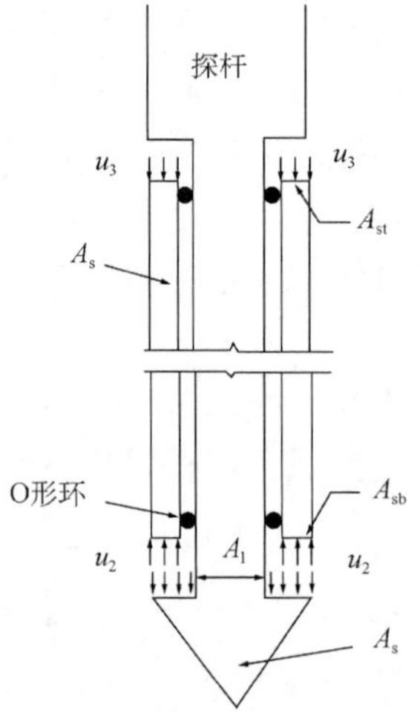

图 1　双桥孔压探头构造示意图

2　地震波静力触探可绘制剪切波波速 $v_s\sim$ 深度 h 曲线,计算出小应变剪切模量 G_0 和侧限模量 M_0,绘制应力-应变~强度曲线。电阻率静力触探可绘制电阻率～深度曲线，反映不同深度电阻率与土性之间的关系，可用于圈定被污染土的范围和评价地基处理效果。可视化静力触探可提供地层连续图像。

15.3 标准贯入试验

15.3.3

5 因砂层极易塌孔、孔内清底经常不彻底、孔底深度计算不准确等，标准贯入试验预打的 15 cm 宜进行计数，以便对锤击数进行合理性和有效性判定。

15.4 圆锥动力触探试验

15.4.1 圆锥动力触探试验(Dynamic Penetration Test, DPT)是用一定质量的重锤，以一定高度的自由落距，将标准规格的圆锥形探头贯入土中，根据贯入土中一定距离所需的锤击数，判定土的力学特性，具有勘探和测试双重功能。

本规范列入了三种圆锥动力触探(轻型、重型和超重型)。轻型动力触探的优点是轻便，对施工验槽、填土勘察、查明局部软弱土层和洞穴等分布，均有实用价值。重型动力触探是应用最广泛的一种，其规格标准与国标通用标准一致。超重型动力触探的能量指数(落锤能量与探头截面积之比)与国外的并不一致，但相近，适用于碎石土。

15.4.3 本条考虑了对试验成果有影响的一些因素。

1 锤击能量是最重要的因素。规定落锤方式采用控制落距的自动落锤，使锤击能量比较恒定，注意保持杆件垂直，探杆的偏斜度不超过 2%。锤击时，防止偏心及探杆晃动。

2 触探杆与土间的侧摩阻力是另一重要因素。试验过程中，可采取下列措施减少侧摩阻力的影响：

1) 使探杆直径小于探头直径。在砂土中，探头直径与探杆直径比应大于1.3；而在黏性土中可小些。

2) 贯入一定深度后旋转探杆(每1 m 转动一圈或半圈)，以减少侧摩阻力。

3) 探头的侧摩阻力与土类、土性、杆的外形、刚度、垂直度、触探深度等均有关，很难用一固定的修正系数处理，应采取切合实际的措施，减少侧摩阻力，对贯入深度加以限制。

3 锤击速度也影响试验成果。一般采用每分钟15击～30击；在砂土、碎石土中，锤击速度影响不大，则可采用每分钟60击。

4 贯入过程应不间断地连续击入，在黏性土中击入的间歇会使侧摩阻力增大。

5 地下水位对击数与土的力学性质的关系没有影响，但对击数与土的物理性质(砂土孔隙比)的关系有影响，故应记录地下水位埋深。

15.4.4 对动力触探成果分析作如下说明：

1 根据触探击数、曲线形态，结合钻探资料可进行力学分层。分层时，注意超前滞后现象，不同土层的超前滞后量是不同的。上为硬土层、下为软土层，超前约为0.5 m～0.7 m，滞后约为0.2 m；上为软土层、下为硬土层，超前约为0.1 m～0.2 m，滞后约为0.3 m～0.5 m。

2 在整理触探资料时，应剔除异常值；在计算土层的触探指标平均值时，超前滞后范围内的值不反映真实土性；临界深度以内的锤击数偏小，不反映真实土性，故不应参加统计。动力触探本来是连续贯入的，但也有配合钻探间断贯入的做法；间断贯入时，临界深度以内的锤击数同样不反映真实土性，不应参加统计。

3 整理多孔触探资料时，应结合钻探资料进行分析，对均匀土层，可用厚度加权平均法统计场地分层平均触探击数值。

15.5 十字板剪切试验

15.5.1 上海地区宜采用电测十字板试验。

15.5.2

3 按中国建筑科学研究院、华东电力设计院的经验，地基容许承载力可按式(6)估算：

$$q_a = 2c_u + \gamma h \tag{6}$$

式中：c_u ——修正后的不排水抗剪强度(kPa)；

γ ——土的重度(kN/m^3)；

h ——基础埋深(m)。

4 十字板剪切试验常常是检验软土地基加固效果的必要测定手段。

15.5.3

1 本款主要是上海地区的经验，也参照了国外的有关规定。直径 75 mm 的探头，翼板厚度为 3 mm，适用于夹有薄层粉砂的软土层，相应的面积比为 14%。

4 对于非均质土的试验间距，不能机械地按 1 m～2 m 间距布置。对夹有薄层粉砂的软土层进行剪切试验时，得到的抗剪强度往往偏高或失真。因此，宜根据静探曲线反映的土层情况，选择合适的深度进行试验。

15.5.4 根据标准贯入试验 N 值判定黏性土的塑性状态时，可参考现行行业标准《铁路工程地质原位测试规程》TB 10018 的有关规定，按表 3 判定。

表 3 标准贯入试验判定黏性土的塑性状态

标准贯入试验 N 值(击)	塑性状态
$N \leqslant 2$	流塑
$2 < N \leqslant 8$	软塑
$8 < N \leqslant 32$	硬塑
$N > 32$	坚硬

15.6 载荷试验

15.6.1 一般来说，以载荷试验的成果数据确定地基承载力较为可靠，但应注意上海地区地基土多层体系的特点以及试验的边界条件与实际基础尺寸的差异。

15.6.3 平板载荷试验确定天然地基承载力时，一定要考虑软弱下卧层的影响，尽量模拟基础实际受力范围。因此，承压板尺寸不能太小，需要与实际基础宽度相匹配的尺寸。

15.6.9 测定标准基床反力系数时，平板载荷试验采用 0.305 m×0.305 m 承压板，如果尺寸不一致，则应换算。

15.6.10 对螺旋板施加恒定荷载后，以等时间间隔 Δt 测读压板的沉降 s_0，s_1，s_2，…，s_{i-1}，s_i。假设圆形压板位于无限的均质弹性体内，在板上施加均布荷载，由加荷引起的孔隙水压力为三维消散。条文中采用 Biot 固结理论公式，式中 β 按图 2 取值。

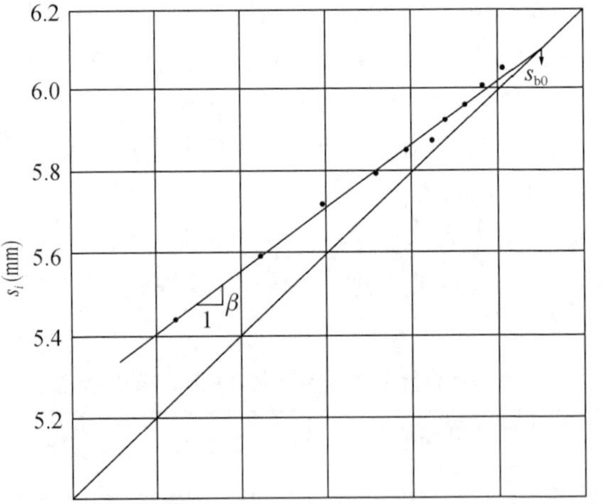

图 2　$s_i \sim s_{i-1}$ 图解法

15.6.11 假设承压板为刚性板，土层未扰动。当板与土完全光滑时，式(15.6.11)中系数取0.75；完全粘结时，系数取0.59。实际上，板与土为部分粘结，故一般可取平均值0.67。

15.7 扁铲侧胀试验

15.7.2 应注意本节中各种公式和经验具有地区性，应用时尚需与其他测试或试验指标综合分析和验证。

根据上海地区相关研究成果，扁铲侧胀试验成果应用经验如下。

(1) 土类划分

由于上海地区土层的沉积环境，土颗粒均匀性较差，故根据土类指数 I_D 划分土类的界限值在上海地区不明显。

(2) 静止侧压力系数

$$K_0 = 0.34 K_D^n \tag{7}$$

式中，n 根据土类及状态、土类指数 I_D 按表4取值。

表4 系数 n

土类及状态	I_D	n
流塑黏性土	<0.40	0.55
软～可塑黏性土	0.40～0.60	0.47
硬～可塑黏性土	0.60～0.90	0.25
粉性土、粉砂	>0.90	0.22

(3) 土的不排水抗剪强度

$$c_u = (-0.06 I_D^2 + 0.42 I_D + 0.19) \cdot \sigma'_{v0} \cdot 0.47 K_D^{1.14} \tag{8}$$

式中 σ'_{v0} ——上覆有效应力(kPa)。

(4) 压缩模量

采用 Marchetti(1980)公式

$$E_s = R_m \cdot E_D \tag{9}$$

式中,R_m 根据土类指数 I_D 按表 5 取值。

表 5 R_m 系数

I_D	R_m
≤0.6	$0.14+2.36\lg K_D$
0.6~3.0	$R_{mo}+(2.5-R_{mo})\lg K_D$ 其中 $R_{mo}=0.14+0.15(I_D-0.6)$
3.0~10.0	$0.5+2\lg K_D$
>10.0	$0.32+2.18\lg K_D$

注:若 $R_m<0.85$ 时,R_m 取 0.85。

(5) 判别地基土的液化

$$K_{Dcr} = K_{D0}\left[0.8-0.04(d_s-d_w)+\frac{d_s-d_w}{1.2+0.9(d_s-d_w)}\right]\sqrt{\frac{3}{14-4I_D}} \tag{10}$$

式中:K_{D0} ——液化临界水平应力指数基准值,在 7 度地震烈度时可取 2.5;

K_{Dcr} ——液化临界水平应力指数;

d_s ——实测水平应力指数所代表的深度(m);

d_w ——地下水位深度(m),采用常年地下水位埋深平均值。

当土类指数 I_D 小于 1.0 时,为不液化土;当 $I_D>2.7$ 时,I_D 取为 2.7。

对可液化土层,应按下式计算可液化土层的液化强度比 F_{le}:

$$F_{le} = \frac{K_D}{K_{Dcr}} \quad (11)$$

液化指数的计算方法与标贯试验计算液化的方法相同，但在计算中应注意剔除个别不合理的数据。

(6) 侧向基床反力系数 K_h

$$K_h = \Delta p / \Delta s \quad (12)$$

考虑膜片中心位移量 1.1 mm 及平均位移量为 2/3 中心位移量，得出扁铲侧向基床反力系数基准值 K_{h0}：

$$K_{h0} = 1\,364\Delta p \quad (13)$$

考虑多种因素的影响，侧向基床反力系数 K_h 为

$$K_h = \lambda_1\lambda_2\lambda_3 K_{h0} \quad (14)$$

式中：λ_1——尺寸修正系数。

当 $D \leqslant 0.6$ m 时，$\lambda_1 = 3/50D$ (15)

当 $D > 0.6$ m 时，$\lambda_1 = 0.1(0.6/D)^{\beta}$ (16)

式中：D——宽度或直径(m)；

β——与 I_D 有关的变化因子：

当 $I_D \leqslant 2$ 时，$\beta = 1/(I_D + 1)$ (17)

当 $I_D > 2$ 时，$\beta = 1/3$ (18)

λ_2——基础形状及刚柔性修正系数，按表 6 取值；

表 6　基础形状及刚柔性修正系数 λ_2

		圆形	方形	矩形					
长宽比		—	—	1.5	2.0	3.0	4.0	5.0	10.0
λ_2	柔性	1.0	0.89	0.74	0.65	0.56	0.50	0.46	0.38
	刚性	1.08	0.97	0.79	0.70	0.59	0.53	0.49	0.40

λ_3——加荷速率修正系数。

当 $I_D \leqslant 3$ 时，$\lambda_3 = (3I_D + 3)/(2I_D + 6)$ （19）

当 $I_D > 3$ 时，$\lambda_3 = 1$ （20）

15.8 旁压试验

15.8.1 上海地区旁压试验主要以预钻式为主。对于浅层软黏性土（第⑤层及其以上土层），也可采用自钻式，试验效果较预钻式好。由于压入式对土体的扰动大，而上海地区浅层土大多属高灵敏度土，所以试验结果不理想，一般不采用。

15.8.2 旁压试验成果在国外工程设计中已广泛应用，近 20 年来，国内的应用也逐步推广。在上海地区，部分重大工程和轨道交通项目的勘察布置了旁压试验，试验深度已突破 100 m，在评定地基土承载力和深层土体压缩模量上有独到之处。

15.8.3 旁压试验应符合下列要求：

1 根据实践经验，旁压试验的影响范围：水平向约为 60 cm，上下方向约为 40 cm。故试验孔与已有钻孔的水平距离不宜小于 1 m。

2 预钻式旁压试验钻孔孔径应略大于旁压器外径。当采用自钻式旁压试验时，应先通过试钻，以便对回转速率、冲洗液压力和流量、切削器离底口的距离、贯入速率等技术参数确定最佳的匹配，保证对周围土体的扰动最小。

3 旁压试验加荷等级一般根据土的临塑压力和极限压力确定，不同土类的加荷等级可按表 7 选用。

表 7　旁压试验加荷等级

土的特征	加荷等级(kPa)	
	临塑压力前	临塑压力后
流塑状态的黏性土	≤15	≤30
软塑的黏性土、松散的粉性土、砂土	15～25	30～50
可塑的黏性土、稍密的粉性土、砂土	25～50	50～100
硬塑的黏性土、中密砂质粉土、砂土	50～100	100～200
密实砂土	≥100	≥200

4　一般而言，为测求土的强度参数常用快速法，每级压力维持 1 min 或 2 min；测求土的变形参数宜采用慢速法。

15.8.5　条文中式(15.8.5-4)为 R.J. Mair(1987)公式，条文中式(15.8.5-5)为 Me'nard(1970)公式。

16 室内试验

16.1 一般规定

16.1.1 室内试验方法一般应符合现行国家标准《土工试验方法标准》GB 50123 的规定；对国家标准中未列入的试验项目或工程有明确要求时，可参考相关行业标准和地方标准进行试验。

16.1.2 室内试验应根据工程类型、岩土性质及其在建筑工程中所处的受力情况及状态等，选择与实际相适宜的试验项目和方法，并应注意岩土的非均质性、非等向性和不连续性以及由此产生的岩土体与岩土试验在工程性状上的差别，保障室内试验成果资料准确、可靠、适用。

16.1.3 为保证试验质量，室内试验所用的仪器应符合现行国家标准《岩土工程仪器基本参数及通用技术条件》GB/T 15406 的规定，并应定期进行检定或校准。

16.1.4 土样质量对力学性指标影响很大，常规力学试验宜采用Ⅰ级土样。对于无法取得Ⅰ级土样，在工程技术要求允许的情况下可用Ⅱ级土样进行强度和固结试验，但要结合地区经验使用试验结果。对无侧限抗压强度、先期固结压力、三轴压缩试验，要求采用Ⅰ级土样。

16.1.5 考虑到上海地区土、水试样一般无污染，本条规定土样的放置时间不宜超过 10 d，但对受污染的土、水试样，其放置时间应根据不同的测试目的与要求确定。

16.1.6 对于规范中没有明确操作规程的试验，如回弹模量及回弹再压缩模量试验和固结仪法基床系数试验，应与项目负责人沟通，根据具体项目设置加卸荷载序列和稳定标准。

16.1.7 由于岩土试样和试验条件不可能完全代表现场的实际情况，故对室内试验取得的资料应正确分析，工程地质评价所选用的参数值宜与相应的原位测试成果或原型观测反分析成果比较，经修正后确定。

16.2 土的物理性质试验

16.2.1 由于土样不均匀性取样测定的含水率平行误差大，为了保证试验的准确度试验要求进行 2 次平行测定。上海地区采用环刀内的土，经大量土的密度与含水率同时测定表明，只要控制密度差不大于 0.03 g/cm^3，含水率平行试验结果误差小于 2%，可不作含水率平行试验。

16.2.2 现行国家标准《土工试验方法标准》GB/T 50123 规定，对液限和塑限采用液塑限联合测定法测定时，通过 76 g 圆锥仪下沉深度与含水率关系图，查得下沉深度为 17 mm 所对应的含水率为液限，下沉深度为 10 mm 所对应的含水率为 10 mm 液限；查得下沉深度为 2 mm 所对应的含水率为塑限。上海地区 20 世纪 50 年代以来一直使用 10 mm 标准，积累了大量资料，故仍采用下沉深度为 10 mm 所对应的含水率为液限。对于塑性指数 10～12 的低塑性土，由于塑限擦条法误差较大，故本条规定要求用颗粒分析复测黏粒含量。当黏粒含量小于等于全重的 15%，则按颗分定名为黏质粉土；若黏粒含量小于全重的 10%，则定名为砂质粉土。

16.2.3 颗粒分析试验采用密度计法时，现行国家标准《土工试验方法标准》GB/T 50123 规定绘制完整的颗粒粒径分配曲线（全曲线法），要求测记 0.5 min、1 min、2 min、5 min、15 min、30 min、60 min、120 min、180 min、1440 min 时的密度计读数。如果用于分类定名，可测记 1 min、5 min、15 min、60 min、

180 min 时的 5 点读数，已能满足各粒组的界限值。

16.2.4 土的颗粒比重与矿物成分有关，通过大量的土粒比重与塑性指数、颗粒组成比较试验，积累了地方经验，上海地区土的比重可采用条文中表 16.2.4 的数值。

16.2.5 有机质试验采用 550 ℃灼烧减量法，在灼烧前将试样及坩埚在 65 ℃～70 ℃的恒温干燥箱内烘至恒量。该过程限制干燥温度为 65 ℃～70 ℃，主要是为防止应干燥温度过高使试样中的有机质分解，要求烘至恒量主要是消除含水量对试验结果的影响，此过程中的恒量判断标准应精确至 0.001 g。

16.3 土的力学性质试验

16.3.1 固结试验

1 对于密度小于 1.75 g/cm^3 的软土，第一级压力宜用 25 kPa，是为了防止软土被压坏。

2 为缩短试验历时，渗透系数大于 $N\times10^{-4}$ cm/s 的细粒土或可用快速法，因为渗透性大的土样，在压力作用下 1 h 基本固结达到稳定。

3 回弹模量和回弹再压缩模量的测求，试验除应满足现行国家标准《土工试验方法标准》GB/T 50123 的有关要求外，卸荷压力宜模拟工程实际开挖情况，具体加卸荷压力可参照现行行业标准《高层建筑岩土工程勘察标准》JGJ/T 72 中回弹模量和回弹再压缩模量室内试验要求。某级压力固结稳定后卸压，直至卸至第一级压力，每级卸压后的回弹稳定标准与加压相同。

回弹模量应按下式计算：

$$E_{\mathrm{c}}=(1+e_i)\times\frac{p_i-p_{i-1}}{e_{i-1}-e_i} \tag{21}$$

$$E_{\mathrm{rc}}=(1+e_{i-1})\times\frac{p_i-p_{i-1}}{e_{i-1}-e_{i+1}} \tag{22}$$

式中：p_i ——基坑开挖卸压前取土深度处土样的自重压力（kPa）；

p_{i-1} ——基坑开挖卸压后取土深度处土样的自重压力（kPa）；

e_i—— 压缩试验时，P_i 压力下的孔隙比；

e_{i+1}—— 再压缩试验时，P_i 压力下的孔隙比；

e_{i-1}—— 回弹试验时，P_{i-1} 压力下的孔隙比；

E_c ——土的回弹模量（MPa）；

E_{rc} ——土的回弹再压缩模量（MPa）。

4 次固结系数可在 t_{50} 曲线图上，主固结结束后曲线下部的直线段的斜率求得，采用 24 h 一级的慢速法。

16.3.2 先期固结压力试验

1 先期固结压力试验对土试样的质量要求很高，稍有扰动会造成 $e \sim \log p$ 曲线的曲率不明显，求不到先期固结压力，故要求Ⅰ级土样。

4 回弹要在先期固结压力后进行是因为在先期固结压力后的回弹线基本保持平行，C_s 相等。

16.3.3 直剪试验因受仪器结构的限制，具有不能严格控制试样的排水条件、固定剪切面不一定是最弱面等缺点，国外仅用慢剪。快剪和固结快剪试验土样宜为渗透系数小于 1×10^{-6} cm/s 的细粒土，但上海地区工程应用经验较多，故本规范仍保留。直剪快剪试验指标适用于施工速率较快工况下的黏性土地基的稳定性验算。

2 直剪试验中，不同密度的 4 块试样，排列顺序对 c 值、φ 值有一定影响，第一块和第四块用接近平均密度的试样，第二块用小密度试样，第三块用大密度试样，试验的 c 值、φ 值较接近于真值。试验中，施加垂直压力的大小将影响抗剪强度线的形状，故应根据土质情况和工程要求而定。第一级垂直压力要求接近于土的自重压力，最大一级压力接近土的自重压力与附加压力之和。

3　采用预压装置预压的直剪试样，试样为饱和样时，在施加垂直压力 5 min 后，往预压盒内注满水；为非饱和样时，仅在活塞周围包湿棉纱，防止水分蒸发。预压稳定结束自预压仪取出后，试样回弹，推入剪力盒后需再预压，经研究再预压 3 min 可消除回弹影响；预压 6 min，直剪强度接近直剪仪直接预压的强度。

16.3.4　三轴压缩试验

1　本试验应根据工程要求和土性，分别采用不固结不排水(UU)试验、固结不排水(CU)试验和固结排水(CD)试验。试验应制备 3 个以上土性相同的试样，在不同围压下进行试验，保证有 3 个莫尔圆连成包线。

2　试验围压宜根据取土深度确定，避免出现人为的超压密土，造成黏聚力偏大、内摩擦角偏小的试验结果。

3　三轴压缩试验要求起始孔压系数 $B \geqslant 0.95$，是为了保证试样在饱和状态下进行试验；三轴 CU 试验要求排水固结，孔压消散达 95%，以保证试样固结。

16.3.5　无侧限抗压强度试验要求用Ⅰ级土样，是考虑土样扰动对强度影响很大。研究表明，厚壁取土器采取的土样和薄壁取土器采取的土样相比，强度可以相差 30%～50%。

16.3.6　静止侧压力系数 K_0 试验加荷稳定标准宜为 24 h 或每小时变形量小于 0.01 mm。为缩短试验历时，可用 T_{90} 试验确定固结度为 90%的 K_0 值，然后换算至固结度 100%的 K_0 值。根据地区经验，上海地区黏性土加荷 1 h 即可达到 90%的固结度。

16.3.7　三轴(CD)法按现行国家标准《土工试验方法标准》GB 50123 的规定进行。固结仪法按固结试验中测得的应力与变形关系来确定基床系数。由于室内试验试件尺寸及试验条件与实际工况差别较大，其试验结果宜进行折减。根据上海地区经验，计算公式如下：

$$K = \frac{P_2 - P_1}{e_1 - e_2} \times \frac{1 + e_m}{h_0} \times \beta \tag{23}$$

式中：K ——某压力范围内的基床系数（kN/m³）；

$P_2 - P_1$ ——应力增量（MPa）；

$e_1 - e_2$ ——各级压力下试样固结稳定后的孔隙比；

e_m——$e_m = (e_1 + e_2)/2$；

h_0 ——样品高度（m）；

β ——折减系数，具体宜根据土性和工程条件确定。

研究表明，室内试验求取的基床系数数据与土体实际不一致，且偏差较大，建议今后加强与原位载荷试验的对比分析，积累经验，以合理确定基床系数的取值。

16.3.8 透水性很低的黏性土渗透试验历时很长，为缩短试验历时，对于饱和黏性土可测固结系数换算渗透系数，换算公式为

$$k_T = \frac{c_v \rho_w \alpha_v}{(1+e)} \tag{24}$$

式中：k_T ——土的渗透系数（cm/s）；

c_v ——土的固结系数（cm²/s）；

α_v ——土的压缩系数（MPa^{-1}）；

e ——土的孔隙比；

ρ_w ——水的密度（g/cm³）。

16.4 土的热物理性质试验

16.4.1 一般规定

1 测定热物理性能的试验方法较多，各种不同的方法有一定的适用范围，测试前宜考虑到材料导热系数的大致范围，选用合适的测量方法。

2 岩土的热物理指标性能与密度、含水率及化学成分有关。导热系数、导温系数随着密度和含水率的增加而变化，而含水率对比热容的影响较大。此外，在相同密度及含水率的情况下，由

于化学成分不同，其值也相差较大。

3 岩土的热物理指标主要用于地下洞室通风负荷设计和地源热泵工程设计等。岩土热物理指标包括导热系数、比热容和导温系数，三者之间关系如下：

$$\alpha=\frac{\lambda\times3.6}{C_{\mathrm{m}}\times\rho\times1\,000} \tag{25}$$

式中：ρ ——密度（g/cm^3）；

α ——导温系数（m^2/h）；

λ ——导热系数［W/（m·K）］；

C_{m} ——比热容［kJ/（kg·K）］。

4 进行热物理指标分析的土样可用Ⅰ级或Ⅱ级土样。

16.4.2 因岩土的导热系数基本在0.5 W/（m·K）～5 W/（m·K）范围内，根据其自身的特性及常用的测试方法，本规范规定可选用面热源法、瞬态热线法测定岩土的热物理指标，具体试验方法可参考现行行业标准《土工试验规程》YS/T 5225相关试验的要求。不同测试方法的原理如下：

（1）面热源法是在被测物体中间作用一个恒定的短时间的平面热源，则物体温度将随时间而变化，其温度变化与物体的性能有关，按下式计算岩土的导热系数。

$$\lambda_{\mathrm{f}}=\frac{Q\times h}{A\times(T_{A}-T_{\mathrm{D}})} \tag{26}$$

式中：λ_{f} ——试样的导热系数［W/（m·K）］；

Q ——热流（W）；

T_{A} ——试样热面温度（K）；

T_{D} ——试样冷面温度（K）；

h ——试样高度（m）；

A ——试样截面积（m^2）。

（2）瞬态热线法是在被测岩土与已知导热系数试材之间，设置一个细长的金属丝，当加热丝通电以后，温度就会升高。温度升高的快慢是与被测材料的导热系数有关，可根据试验测得的有关参数，按下式计算岩土的导热系数：

$$\lambda_{\mathrm{f}}=\frac{qd(\mathrm{In}t)}{4\pi d[\Delta T(t)]} \tag{27}$$

式中：λ_{f} ——试样的导热系数[W/(m·K)]；

q ——单位长度电阻丝的发热功率(W)；

ΔT ——测得的电阻丝温升平均值(℃)。

16.4.3 冷却法是目前常用的测定比热容的方法。具体试验方法可参考现行行业标准《土工试验规程》YS/T 5225 相关试验的要求。通过试验测出有关参数后，按下式计算岩土的比热容：

$$C_{\mathrm{m}}=\left[\frac{(G_1+E)\cdot C_{\mathrm{w}}(t_3-t_2)}{G_2(t_1-t_3)}-\frac{G_3}{G_2}\cdot C_b\right] \tag{28}$$

式中：C_{m}—— 岩土在 t_3 到 t_1 温度范围内的平均比热容[J/(kg·K)]；

C_{b}—— 试样筒材料(黄铜) 在 t_3 至 t_1 温度范围内的平均比热容[J/(kg·K)]；

C_{w}—— 保温筒中水在 t_2 至 t_3 温度范围内的平均比热容[J/(kg·K)]；

t_1 ——岩土下落时的初温(℃)；

t_2 ——保温筒中水的初温(℃)；

t_3 ——保温筒中水的计算终温(℃)；

G_1 ——水质量(g)；

G_2 ——试样质量(g)；

G_3 ——试样筒质量(g)。

16.5 土的动力性质试验

16.5.1 各种动力性试验方法，适用于一定的应变范围，应根据工程所涉及的应变范围，选用合适的试验方法或选取土性相同的两个试样进行联合试验。

16.5.3 动强度的破坏标准，可取试样的动弹性应变和塑性应变之和的 5%，也可根据土的性质和工程的重要性，在 2.5%～5%之内取值。

16.6 水(土)的腐蚀性试验

16.6.1 具体试验操作可参照现行行业标准《铁路工程水质分析规程》TB 10104 或《水电工程地质勘察水质分析规程》NB/T 35052 执行。

17 岩土工程分析评价和勘察成果报告

17.1 一般规定

17.1.1 本条主要提出了岩土工程分析基本思路和要求。

17.1.2 本条主要规定了各阶段报告编制的基本要求。

1 上海地区市域铁路主要采用长线路高架和长隧道，各阶段勘察报告编制应根据工程要求确定，以方便设计、施工使用。总报告应满足可行性研究阶段全线设计文件编制需要。分段报告、工点报告应分别满足初步设计阶段、施工图设计阶段工点工程设计需要。分段报告具体根据工程进度和设计要求确定；必要时，工程初步设计阶段可根据设计需要，编制代表性工点报告、专项地质报告。

2 市域铁路线路较长，为保证勘察资料的连续性，需要制定全线地质单元分区、岩土分层的统一标准。本规范附录 A 地基土层序编号及定名引自现行上海市工程建设规范《岩土工程勘察规范》DGJ 08—37，可作为市域铁路岩土分层的标准。

17.2 岩土工程分析评价

17.2.1 本条是对市域铁路岩土工程分析评价的综合要求。其中，地下工程主要是围岩和土体的稳定和变形问题；高架和地面工程主要是地基的承载力和变形问题；特别强调了工程建设对环境影响和地下水作用的分析评价。

17.2.2 对路基稳定影响较大的不良地质和特殊岩土主要包括明

暗浜和填土地基、软土地基、液化地基,应重点评价。

17.2.3 市域铁路地上线主要采用长线路高架、深桩基础。工程线路长,沿线地层起伏变化对桩基持力层的确定影响较大,应分段进行评价和建议。

17.2.4 明挖法应重点分析地层的稳定性,地下水的类型及含水层的透水性和富水性,结合周边环境,建议合理的支护方案和降水方案。上海地区软土、饱和粉(砂)土普遍发育,地下水发育,地质条件复杂,对基坑工程安全影响大,应重点分析。

17.2.5 对盾构法施工的分析评价,侧重于盾构机选型应注意的地质问题,指出影响盾构施工的不良地质条件。在上海地区,饱和富水砂层是影响盾构施工安全的重要不良地质因素,应重点分析。盾构穿越河道,尤其是黄浦江、长江等大型地表水时,河床冲淤变化、水位变化对盾构施工安全影响很大,应注意收集相关水文资料,评价其对盾构施工和隧道安全的影响。

17.3 岩土参数统计和建议

17.3.1 岩土参数应按工程地质单元分层统计。在统计中,应根据已有经验和数据的离散程度,对子样数进行适当取舍。当参数离散性较大时,应进行具体分析并查找原因,尤其对分层、地质单元划分是否合理等方面进行复核,酌情处理,并提出建议值。

17.3.4 线路工程应按铁路工程要求提供地基基本承载力和桩基设计参数。本规范附录 B 地基土承载力参数表引自现行行业标准《铁路桥涵地基和基础设计规范》TB 10093。上海地区在地基承载力、桩基承载力计算参数和沉降计算参数确定方面积累了丰富的经验,线路工程设计所需的地基基本承载力、桥梁桩基承载力计算参数、沉降计算参数,可按现行行业标准《铁路桥涵地基和基础设计规范》TB 10093,结合上海地区经验综合确定。

线路工程地基容许承载力应根据地基基本承载力,按现行

《铁路桥涵地基和基础设计规范》TB 10093 第 4 章相关规定确定；桩基单桩容许承载力应按现行行业标准《铁路桥涵地基和基础设计规范》TB 10093 第 6 章相关公式进行计算；基础沉降应按现行行业标准《铁路桥涵地基和基础设计规范》TB 10093 第 3.2 节计算。

17.3.5 建筑工程（含车站）应根据现行国家标准《建筑地基基础设计规范》GB 50007 和上海市工程建设规范《地基基础设计标准》DGJ 08—11 分别提供地基承载力设计值、特征值及桩基设计参数，供工程设计使用。本规范附录 C 桩基承载力参数表引自现行上海市工程建设规范《地基基础设计标准》DGJ 08—11。

17.3.6 本规范附录 E“隧道围岩分级”、本规范附录 F“岩土工程施工工程分级”引自现行国家标准《城市轨道交通岩土工程勘察规范》。

17.4 勘察成果报告

17.4.1 可行性研究勘察报告应重点对线路方案有重大影响的不良地质、特殊性岩土和重要工点地质条件进行分析评价，对场地稳定性和适宜性作出评价，提出线路方案的比选建议。初步勘察报告应对场地稳定性和适宜性作出评价，对各类工程的工程地质、水文地质进行初步分析评价，对拟选地基基础方案、施工工法、不良地质和特殊性岩土的防治提出初步建议。详细勘察报告应对各类工程的工程地质、水文地质进行详细分析评价，对拟选地基基础方案、施工工法、不良地质、特殊性岩土的防治提出合理化建议。

17.4.2 本条概括了市域铁路岩土工程勘察报告的主要组成部分及各组成部分的主要内容。勘察报告编制时，应根据工程的规模、特点和任务要求合理选择。专项勘察报告、施工勘察报告的内容可根据专项勘察、施工勘察的目的、要求，参照上述内容编制。

18 现场检验和监测

18.1 一般规定

18.1.1,18.1.2 现场检验和监测是保证工程质量与安全的重要手段之一。为保证工程周边环境安全、工程结构安全及工程施工安全,岩土工程勘察报告中需要根据工程岩土特点、结构特点和施工特点,提出必要的检测和监测的建议。目前,现场检验和监测的方法主要有现场观察、试验和仪器量测等。

18.1.3 监测数据应及时整理,及时报送。发现异常或趋于临界状态时,应立即向有关部门报告。

18.2 现场检验

18.2.1 市域铁路工程基槽、基坑、路基及隧道的现场检验是工程建设中对地质体检查的最后一道关口,通过检验发现异常地层,及时采取措施确保工程施工和结构的安全。该项工作是必须做的常规工作,通常由地质人员会同建设、设计、施工、监理及质量监督部门共同进行。

检验时,一般首先核对基础或基槽的位置、平面尺寸和坑底标高是否与图纸相符。对土质地基,可用肉眼、微型贯入仪、轻型动力触探等简易方法,检验土的密实度和均匀性;必要时,可在槽底普遍进行轻型动力触探。但坑底下埋有砂层且承压水头高于坑底时,应特别慎重,以免造成冒水涌砂。当岩土条件与勘察报告出入较大或设计有较大变动时,可有针对性地进行施工专项勘察。

18.2.2,18.2.3 此两条所列检验内容,都是以往工程实践中发现的影响基槽、基坑、路基和隧道围岩稳定和变形的重要因素,在现场检验时需要给予充分的重视。

18.2.4 桩长设计一般采用地层和标高双控制,并以勘察报告为设计依据。但在工程实践中,会有实际地层情况与勘察报告不一致的情况,故应通过试打试钻,检验岩土条件是否与设计预计的一致。在工程桩施工时,也应密切注意是否出现异常情况,以便及时采取必要的措施。

18.3 现场监测

18.3.3 目前,基坑工程的设计计算还不能十分准确,无论计算模式还是计算参数,常常和实际情况不一致。为了保证工程安全,监测是非常必要的。通过对监测数据的分析,必要时可调整施工程序,调整支护设计。遇有紧急情况时,应及时发出警报,以便采取应急措施。

18.3.5 对市域铁路工程结构进行沉降监测,一方面为市域铁路工程施工及运营的安全提供保证,另一方面可以起到积累建筑经验或对工程进行设计反分析的作用。本条对市域铁路工程需要进行沉降观测的情况进行了规定。

18.3.7 地下水的动态变化包括水位的季节变化和多年变化、人为因素造成的地下水变化、水中化学成分的运移等,是工程安全和环境保护最重要的因素。为工程建设进行的地下水监测与区域性的地下水长期观测不同,监测要求随工程而异。